Encounters II
Workbook

Encounters II

A Cognitive Approach to Advanced Chinese

Workbook

Jennifer Li-chia Liu

劉力嘉

with **Yan Li**

李焱

Indiana University Press
Bloomington and Indianapolis

This book is a publication of

Indiana University Press
601 North Morton Street
Bloomington, Indiana 47404-3797 USA

www.iupress.indiana.edu

Telephone orders 800-842-6796
Fax orders 812-855-7931
Orders by e-mail iuporder@indiana.edu

∞ The paper used in this publication meets the minimum requirements of the American National Standard for Information Sciences—Permanence of Paper for Printed Library Materials, ANSI Z39.48-1992.

Manufactured in the United States of America

Cataloging information is available from the Library of Congress

By Jennifer Li-chia Liu
ISBN 978-0-253-22111-7 paperback (Encounters I)
ISBN 978-0-253-22112-4 paperback (Encounters I: Workbook)

By Jennifer Li-chia Liu
ISBN 978-0-253-22113-1 paperback (Encounters II)
ISBN 978-0-253-22114-8 paperback (Encounters II: Workbook)

1 2 3 4 5 15 14 13 12 11 10

Contents

第十一課 什麼時候才有一個家？

練習 Exercise

一 重點生詞 Productive Words

A. 用中文寫出下面詞的意思

1. 貸款 ______________________________
2. 報導 ______________________________
3. 利息 ______________________________
4. 炒魷魚 ______________________________
5. 總而言之 ______________________________
6. 升值 ______________________________

B. 選擇合適的詞填空

1. 畢業以後我一直沒找到工作，雖然也幫別人做一些工作，但是沒有什麼_____的收入，所以恐怕還不能貸款買房。
   a. 穩定 b. 長遠 c. 樂觀
2. 去看病人的時候選禮物一定要特別_____，否則買的東西不但沒用，還會引起病人的不滿。
   a. 麻煩 b. 慎重 c. 在乎
3. 你每個月都應該存一些錢，_____需要的時候得向別人借錢。
   a. 未免 b. 懶得 c. 免得
4. 現在電腦發展得這麼快，如果你選電腦專業，我_____你畢業以後會很快找到高收入的好工作。
   a. 意識 b. 保證 c. 儘量
5. 這套訂做的家具的顏色和合同上說的不同，我打算_____那家公司賠我一萬塊錢。
   a. 告 b. 要求 c. 規劃
6. 雖然我不喜歡喝酒，但是週末的時候我_____和朋友去酒吧也不想一個人待在房子。

a. 寧願　　b. 除非　　c. 懶得

7. 生活在社會中的每個人都應該_____保護自己住的環境。

a. 激烈　　b. 儘量　　c. 長遠

C. 選擇合適的單個動詞填空

辦、蓋、簽、告、讓、賠、炒

上個暑假我找工作的時候，發現學校附近有一家人在_____房子。我就去問房子的主人需不需要人幫忙。他和我談了一會之後決定請我幫他工作。我們_____了一個三個月的合同。雖然這個工作特別累，但是收入倒是_____我滿意。

半個月後的一天，我不小心把臥室窗户的玻璃打破了。房子的主人生氣地罵了我一頓，並且要我_____他的玻璃。我說他可以扣我的錢，可是他卻說我工作經驗不夠，要_____我的魷魚。不管我怎麼解釋他也不聽，只是給了我半個月的錢，就叫我走 。我非常生氣，雖然我做錯了事情，但是他的做法違反了合同，我要去_____他。

二 猜詞能力 Word Power

猜猜下面這些詞的意思

1. 保 bǎo to protect; preserve; guarantee

保證	bǎozhèng	_____
保險	bǎoxiǎn	_____
保護	bǎohù	_____
保障	bǎozhàng	_____
保持	bǎochí	_____
保留	bǎoliú	_____
保守	bǎoshǒu	_____

2. 觀 guān view

悲觀	bēiguān	_____
樂觀	lèguān	_____
人生觀	rénshēngguān	_____

	金錢觀	jiānqiánguān	______
	價值觀	jiàzhíguān	______
	愛情觀	àiqíngguān	______
3.	光	guāng	light
	眼光	yǎnguāng	______
	陽光	yángguāng	______
	燈光	dēngguāng	______
	激光	jīguāng	______
	觀光	guānguāng	______
4.	定	dìng	stable; certainly; to decide
	穩定	wěndìng	______
	肯定	kěndìng	______
	否定	fǒudìng	______
	規定	guīdìng	______
	決定	juédìng	______

三 成段表達 Coherent Passages

選擇合適的連接詞完成下面幾段話

1. 總而言之、於是、不僅、而且、實際上、接下來

　　從上大學起，我就一直住在宿舍，到現在真的有點住膩了，______我打算搬到學校外面的公寓住。公寓______有獨立的廚房和衛生間，______交通非常方便。房子找到了，______就是去買我喜歡的家具。我知道附近有不少賣二手家具的商店，一般人可能認為二手家具很舊或是質量不好，但______不少二手家具還相當不錯。當我把自己精心挑選的家具搬進房子的時候，我的房子看起來又舒服又漂亮。______我喜歡這個新家。

2. 不只是、誰知道、近幾年、之所以…，是因為…、而且、還

　　隨著收入的提高，買房的人越來越多，我也是其中的一個。可是______「買房容易養房難」。我______這麼說，______買房之後還有很多費用，比如管理費、水電費、停車費等。這些費用加起來不比買房子便宜，______這些費用要一直付下去，是每個月

的負擔。所以我建議買房的人，在買房時，考慮的_____房子的價格，_____要考慮以後養房子的費用。

四 書面和口語表達 Colloquial and Written Expressions

從下面選出最口語的(O)和最書面語的(W)句子

1. a. 除非滿二十一歲，否則喝酒是違反法律的行為。
   b. 要是你不到二十一歲，就不能喝酒。
   c. 除非你二十一歲了，要不然喝酒是違法的。
   O:____ W:____

2. a. 因為我沒經驗，老板炒了我的魷魚。
   b. 由於我缺乏工作經驗，老板把我解雇了。
   c. 由於我沒經驗，老板把我解雇了。
   O:____ W:____

3. a. 除非你有穩定的收入，否則不要向銀行貸款。
   b. 除非你有穩定的收入，要不然不要向銀行貸款。
   c. 除非你賺的錢夠多，不然別跟銀行借錢。
   O:____ W:____

4. a. 我買的幾套房子都沒升值，所以我賠了很多錢。
   b. 我買的那幾套房子現在更便宜了，所以我賠了很多錢。
   c. 我買的幾套房子都沒有升值，這給我造成了相當大的損失。
   O:____ W:____

五 聽力 Listening

聽下列對話和敘述回答問題

Part 1 1. 問：女人對小明結婚的看法是什麼？
   a. 小明過兩年就可以結婚了。
   b. 小明根本沒有結婚的條件，最近不可能結婚。

c. 小明一輩子都不打算結婚。

Part 2 2. 問：這個女人碰到什麼問題？

a. 要買房子，可是沒有錢還貸款。
b. 買的房子升值了，所以賺了很多錢。
c. 買的房子賣不出去，賠了不少錢。

Part 3 3. 問：男人碰到什麼問題？

a. 不知道該買交通方便的貴房子，還是便宜但是不方便的房子。
b. 要買房子，可是沒錢。
c. 住的地方離辦公室太遠，上下班很不方便。

4. 問：這個女的會買什麼樣的房子？

a. 又便宜又方便的。
b. 可能有一點貴，但是上下班方便的。
c. 特別貴，特別舒服的。

Part 4 5. 問：買房子為什麼會成為大家關心的一個問題？

a. 因為大家願意多花錢。
b. 因為單位不再負責解決員工的房子問題。
c. 單位分配的房子太小了。

6. 問：選房子的時候為什麼要考慮質量？

a. 質量好的房子價格也不太高。
b. 雖然質量好的房子會貴一點，但是以後不會發生什麼問題。
c. 質量好的房子以後會出問題。

六 補充閱讀 Supplemental Reading

一 新聞標題

看下面這些句子的大意，並猜猜報導的可能內容

1. 變不成王子的青蛙

____

2. 夏天為何吃不下飯？

____

3. 說來就來，說走就走——颱風過境

____

4. 看房要趁早，省得排大隊

____

5. 看清購房合同免得被騙

____

6. 作為美國流行樂壇的老牌歌手，珍妮杰克遜首度參演電視劇

____

7. 求職路上——寧願犯錯也不錯過

____

二 空間與檔次

空間與檔次是很難分開的。比如書，上檔次的書打開之後總有一頁到幾頁的白紙，然後是目錄，接下來才是正文。如果一打開就是正文，這樣的書就顯得檔次比較低了。

房子也是一樣。過去的大戶人家有一進、二進、三進，聽說還有五進。每一進就是一個空間，普通老百姓的家一開門就是床。這樣的房子一看就看出了檔次的差別。

現在人們常談城市可以共享的空間太小，所以要加大一些。應該多留一點綠化帶，多建一些花園，這樣才能讓老百姓感覺到自己生活在一個注重提高檔次的城市，活得舒服而不遺憾。

___1. 你覺得這篇文章的標題應該是哪一個？
   a. 空間與檔次
   b. 書與房子
   c. 城市綠化

___2. 上檔次的書與房子的共同點是什麼？
   a. 都比較貴

b. 都有比較大的空間

c. 都能讓老百姓感到舒服

___3. 下面哪個不是綠化城市的好處？

a. 讓人們生活得更舒服

b. 讓城市更漂亮

c. 提高城市的檔次

三 母親和門

我住在一個二十五層公寓的二樓。公寓每層有七戶人家，四層以上可以坐電梯。我們要從樓梯上到二樓，右轉彎是一道門，推開、進去，裏面一般會很黑，樓道的燈常常不開，不過我已經習慣了。向左走，又是一道門，這是我和另外兩個鄰居合裝的防盜門，隨手鎖門是一種默契。打開防盜門，再往走，第二個房門就是我的家，外面是一道推拉式的鐵門，用鑰匙打開後面還有一道木門，鑰匙要先轉一圈才可以打開，如果方向弄錯了，那會非常麻煩。作為房子的主人，我閉著眼睛都能進門，可是這些門卻把我從鄉下來看我的母親害苦了。

在把一大串鑰匙給母親之前，我已經在鑰匙上做了記號，一把鑰匙開一道門，然後我又帶母親練習了一遍，並且反覆告訴母親出去一定要鎖門，因為我們這裏有被盜的紀錄。從此我每天早出晚歸地上班，母親和門的故事也不斷發生。門出不去還好說，有幾次母親竟然進不了家，只能一個人在街上、公園亂逛，盼著我早點下班回家。

最特別的是，有一次母親在黑暗的樓道對著前前後後的門，怎麼也找不到回家的那道門。好不容易找到一個看著熟悉的門，可是拿鑰匙怎麼也打不開。這時候屋子一個人在家的小學生聽見門響就大聲地問是誰，可母親耳朵不好聽不見，所以繼續拿鑰匙開門。最後那個孩子嚇得一邊哭一邊給她爸爸打電話，讓爸爸回家。幸虧我和他們一家有些來往，不然母親就有被110帶走的危險。

看著拿著鑰匙認真開門、鎖門的母親，我真想對她說，別鎖了，您放心地逛街去吧，就像在鄉下一樣。但是我始終沒有說出來，因為這裏畢竟不是鄉下，倒是有一天母親對我說她還是回鄉下吧！

我知道這都是門惹的禍，當然又不全是門。

刪節自《北京青年報》2002年8月

___1. 作者寫第一段的目的是為了說明什麼？

a. 說明作者家的位置。
b. 說明樓道裏複雜的情況。
c. 說明那個公寓的特點。

___2. 下面哪一個不是門給母親帶來的麻煩？
a. 母親不知道怎麼開門，只好在外面等作者回家。
b. 母親有的時候因為打不開門而不能出去。
c. 因為找不到公園的門而不能去逛公園。

___3. 作者為什麼說母親會被110帶走？
a. 因為母親迷路了。
b. 因為母親去開鄰居的門，鄰居報警了。
c. 因為母親找不到自己的孩子了。

___4. 你覺得這篇文章要告訴大家什麼？
a. 鄉下人不了解城市裏的生活。
b. 老年人不容易適應新的生活。
c. 現代社會給人們帶來的麻煩。

四 商品房的陷阱

近年來，商品房成了老百姓討論最多的一個話題，有的人用存了一輩子的錢來圓自己的住房夢，但一搬進新房子，就發現其實自己的惡夢剛剛開始。

有很多開發商為了多賺錢，而忽視質量。不少人剛住進新房不久，就出現了牆裂、漏水等質量問題。

商品房面積不足的現象也十分嚴重。一位消費者1993年買了一套房子，合同規定的面積是30.55平方米，到了97年房子蓋好的時候，只有13平方米。另一位消費者購買的商品房實際面積比合同面積少了14.14平方米，開發商不但不賠償，還威脅這位消費者說如果不按時交買房的錢，就停水停電。

商品房銷售合同面陷阱也很多。開發商常常會加上一些比較模糊的規定，對此不太熟悉的消費者往往會上當，即使打起官司來，損失的可能也是消費者。

對於購房者來說，商品房的廣告也有不少陷阱。比如一些開發商故意把價格寫得很低，黃金位置的房子每平方米僅1800元，但是又在後面加上了個不起眼兒的「起」字，最後各種費用加起來竟達3000多塊錢。

商品房的管理也令不少購房者頭疼。亂收費、維修不及時、缺少安全感在許多地方都是家常便飯，所以許多購房者都感到房子買得起，卻住不起。

如此多的問題，如此多的陷阱，如果再不管一管，恐怕咱們老百姓猴年馬月也圓不了住房夢了。

___1. 根据這篇文章，“惡夢”的意思是什麼？
 a. 可怕的夢
 b. 好夢
 c. 一般的夢

___2. 開發商為了賺錢，所以商品房會出現哪些問題？
 a. 沒有水電
 b. 面積不足
 c. 消費者不能按時搬進去

___3. 總的來說商品房的陷阱包括哪些方面？
 a. 質量和合同
 b. 質量和廣告
 c. 質量、合同和廣告

___4. 請解釋一下，消費者為什麼會覺得「房子買得起，住不起」？

七 寫作 Writing

很多大的購物中心為了吸引顧客，推出了在該店內使用的信用卡。你很想申請一張這樣的信用卡，可是你媽媽覺得那只會讓你亂花錢。於是你要給爸爸一封信，希望得到他的支持：

1. 介紹這種信用卡的作用和申請方法；
2. 形容一下母親的消費觀，並說明這種消費觀為什麼不適合現在的情況；
3. 想像申請到這張信用卡會對母親有什麼影響。

八 解決問題 Problem-Solving Tasks

1. 你的一個朋友剛剛來這裏，對這裏的宿舍和租房子的情況很不了解，請你給他一些建議，讓他找到自己認為滿意的房子。

2. 角色扮演：先生和太太。
   太太：對現在住房（環境、條件等）非常不滿意，打算買個房子。
   先生：反對換房子。

练习 Exercise

一 重点生词 Productive Words

A. 用中文写出下面词的意思

1. 贷款 ____________________
2. 报导 ____________________
3. 利息 ____________________
4. 炒鱿鱼 ____________________
5. 总而言之 ____________________
6. 升值 ____________________

B. 选择合适的词填空

1. 毕业以后我一直没找到工作，虽然也帮别人做一些工作，但是没有什么_____的收入，所以恐怕还不能贷款买房。
   a. 稳定　　b. 长远　　c. 乐观
2. 去看病人的时候选礼物一定要特别_____，否则买的东西不但没用，还会引起病人的不满。
   a. 麻烦　　b. 慎重　　c. 在乎
3. 你每个月都应该存一些钱，_____需要的时候得向别人借钱。
   a. 未免　　b. 懒得　　c. 免得
4. 现在电脑发展得这么快，如果你选电脑专业，我_____你毕业以后会很快找到高收入的好工作。
   a. 意识　　b. 保证　　c. 尽量
5. 这套订做的家具的颜色和合同上说的不同，我打算_____那家公司赔我一万块钱。
   a. 告　　b. 要求　　c. 规划
6. 虽然我不喜欢喝酒，但是周末的时候我_____和朋友去酒吧也不想一个人待在房子里。
   a. 宁愿　　b. 除非　　c. 懒得
7. 生活在社会中的每个人都应该_____保护自己住的环境。
   a. 激烈　　b. 尽量　　c. 长远

C. 选择合适的单个动词填空

办、盖、签、告、让、赔、炒

上个暑假我找工作的时候，发现学校附近有一家人在_____房子。我就去问房子的主人需不需要人帮忙。他和我谈了一会之后决定请我帮他工作。我们_____了一个三个月的合同。虽然这个工作特别累，但是收入倒是_____我满意。

半个月后的一天，我不小心把卧室窗户的玻璃打破了。房子的主人生气地骂了我一顿，并且要我_____他的玻璃。我说他可以扣我的钱，可是他却说我工作经验不够，要_____我的鱿鱼。不管我怎么解释他也不听，只是给了我半个月的钱，就叫我走。我非常生气，虽然我做错了事情，但是他的做法违反了合同，我要去_____他。

二 猜词能力 Word Power

猜猜下面这些词的意思

1. 保 bǎo to protect; preserve; guarantee
   - 保证 bǎozhèng ______________________
   - 保险 bǎoxiǎn ______________________
   - 保护 bǎohù ______________________
   - 保障 bǎozhàng ______________________
   - 保持 bǎochí ______________________
   - 保留 bǎoliú ______________________
   - 保守 bǎoshǒu ______________________

2. 观 guān view
   - 悲观 bēiguān ______________________
   - 乐观 lèguān ______________________
   - 人生观 rénshēngguān ______________________
   - 金钱观 jīnqiánguān ______________________
   - 价值观 jiàzhíguān ______________________
   - 爱情观 àiqíngguān ______________________

3. 光 guāng light

	眼光	yǎnguāng	______
	阳光	yángguāng	______
	灯光	dēngguāng	______
	激光	jīguāng	______
	观光	guānguāng	______
4.	定	dìng	stable; certainly; to decide
	稳定	wěndìng	______
	肯定	kěndìng	______
	否定	fǒudìng	______
	规定	guīdìng	______
	决定	juédìng	______

三 成段表达 Coherent Passages

选择合适的连接词完成下面几段话

1. 总而言之、于是、不仅、而且、实际上、接下来

   从上大学起，我就一直住在宿舍，到现在真的有点住腻了，______我打算搬到学校外面的公寓住。公寓______有独立的厨房和卫生间，______交通非常方便。房子找到了，______就是去买我喜欢的家具。我知道附近有不少卖二手家具的商店，一般人可能认为二手家具很旧或是质量不好，但______不少二手家具还相当不错。当我把自己精心挑选的家具搬进房子的时候，我的房子看起来又舒服又漂亮。______我喜欢这个新家。

2. 不只是、谁知道、近几年、之所以…，是因为…、而且、还

   随着收入的提高，买房的人越来越多，我也是其中的一个。可是______"买房容易养房难"。我______这么说，______买房之后还有很多费用，比如管理费、水电费、停车费等。这些费用加起来不比买房子便宜，______这些费用要一直付下去，是每个月的负担。所以我建议买房的人，在买房时，考虑的______房子的价格，______要考虑以后养房子的费用。

四 书面和口语表达 Colloquial and Written Expressions

从下面选出最口语的(O)和最书面语的(W)句子

1. a. 除非满二十一岁，否则喝酒是违反法律的行为。
   b. 要是你不到二十一岁，就不能喝酒。
   c. 除非你二十一岁了，要不然喝酒是违法的。
   O:____ W:____

2. a. 因为我没经验，老板炒了我的鱿鱼。
   b. 由于我缺乏工作经验，老板把我解雇了。
   c. 由于我没经验，老板把我解雇了。
   O:____ W:____

3. a. 除非你有稳定的收入，否则不要向银行贷款。
   b. 除非你有稳定的收入，要不然不要向银行贷款。
   c. 除非你赚的钱够多，不然别跟银行借钱。
   O:____ W:____

4. a. 我买的几套房子都没升值，所以我赔了很多钱。
   b. 我买的那几套房子现在更便宜了，所以我赔了很多钱。
   c. 我买的几套房子都没有升值，这给我造成了相当大的损失。
   O:____ W:____

五 听力 Listening

听下列对话和叙述回答问题

Part 1 1. 问：女人对小明结婚的看法是什么？
   a. 小明过两年就可以结婚了。
   b. 小明根本没有结婚的条件，最近不可能结婚。
   c. 小明一辈子都不打算结婚。

Part 2 2. 问：这个女人碰到什么问题？
   a. 要买房子，可是没有钱还贷款。

b. 买的房子升值了，所以赚了很多钱。
c. 买的房子卖不出去，赔了不少钱。

Part 3 3. 问：男人碰到什么问题？
a. 不知道该买交通方便的贵房子，还是便宜但是不方便的房子。
b. 要买房子，可是没钱。
c. 住的地方离办公室太远，上下班很不方便。

4. 问：这个女的会买什么样的房子？
a. 又便宜又方便的。
b. 可能有一点贵，但是上下班方便的。
c. 特别贵，特别舒服的。

Part 4 5. 问：买房子为什么会成为大家关心的一个问题？
a. 因为大家愿意多花钱。
b. 因为单位不再负责解决员工的房子问题。
c. 单位分配的房子太小了。

6. 问：选房子的时候为什么要考虑质量？
a. 质量好的房子价格也不太高。
b. 虽然质量好的房子会贵一点，但是以后不会发生什么问题。
c. 质量好的房子以后会出问题。

六 补充阅读 Supplemental Reading

一 新闻标题

看下面这些句子的大意，并猜猜报导的可能内容

1. 变不成王子的青蛙

____

2. 夏天为何吃不下饭?

____

3. 说来就来，说走就走——台风过境

____

4. 看房要趁早，省得排大队

____

5. 看清购房合同免得被骗

____

6. 作为美国流行乐坛的老牌歌手，珍妮杰克逊首度参演电视剧

____

7. 求职路上——宁愿犯错也不错过

____

二 空间与档次

空间与档次是很难分开的。比如书，上档次的书打开之后总有一页到几页的白纸，然后是目录，接下来才是正文。如果一打开就是正文，这样的书就显得档次比较低了。

房子也是一样。过去的大户人家有一进、二进、三进，听说还有五进。每一进就是一个空间，普通老百姓的家一开门就是床。这样的房子一看就看出了档次的差别。

现在人们常谈城市可以共享的空间太小，所以要加大一些。应该多留一点绿化带，多建一些花园，这样才能让老百姓感觉到自己生活在一个注重提高档次的城市里，活得舒服而不遗憾。

___1. 你觉得这篇文章的标题应该是哪一个？
   a. 空间与档次
   b. 书与房子
   c. 城市绿化

___2. 上档次的书与房子的共同点是什么？
   a. 都比较贵
   b. 都有比较大的空间
   c. 都能让老百姓感到舒服

___3. 下面哪个不是绿化城市的好处？
   a. 让人们生活得更舒服
   b. 让城市更漂亮
   c. 提高城市的档次

三 母亲和门

我住在一个二十五层公寓的二楼。公寓每层有七户人家，四层以上可以坐电梯。我们要从楼梯上到二楼，右转弯是一道门，推开、进去，里面一般会很黑，楼道里的灯常常不开，不过我已经习惯了。向左走，又是一道门，这是我和另外两个邻居合装的防盗门，随手锁门是一种默契。打开防盗门，再往里走，第二个房门就是我的家，外面是一道推拉式的铁门，用钥匙打开后里面还有一道木门，钥匙要先转一圈才可以打开，如果方向弄错了，那会非常麻烦。作为房子的主人，我闭着眼睛都能进门，可是这些门却把我从乡下来看我的母亲害苦了。

在把一大串钥匙给母亲之前，我已经在钥匙上做了记号，一把钥匙开一道门，然后我又带母亲练习了一遍，并且反复告诉母亲出去一定要锁门，因为我们这里有被盗的纪录。从此我每天早出晚归地上班，母亲和门的故事也不断发生。门出不去还好说，有几次母亲竟然进不了家，只能一个人在街上、公园里乱逛，盼着我早点下班回家。

最特别的是，有一次母亲在黑暗的楼道里对着前前后后的门，怎么也找不到回家的那道门。好不容易找到一个看着熟悉的门，可是拿钥匙怎么也打不开。这时候屋子里一个人在家的小学生听见门响就大声地问是谁，可母亲耳朵不好听不见，所以继续拿钥匙开门。最后那个孩子吓得一边哭一边给她爸爸打电话，让爸爸回家。幸亏我和他们一家有些来往，不然母亲就有被110带走的危险。

看着拿着钥匙认真开门、锁门的母亲，我真想对她说，别锁了，您放心地逛街去吧，就象在乡下一样。但是我始终没有说出来，因为这里毕竟不是乡下，倒是有一天母亲对我说她还是回乡下吧！

我知道这都是门惹的祸，当然又不全是门。

删节自《北京青年报》2002年8月

___1. 作者写第一段的目的是为了说明什么？
   a. 说明作者家的位置。

b. 说明楼道里复杂的情况。
c. 说明那个公寓的特点。

___2. 下面哪一个不是门给母亲带来的麻烦？
a. 母亲不知道怎么开门，只好在外面等作者回家。
b. 母亲有的时候因为打不开门而不能出去。
c. 因为找不到公园的门而不能去逛公园。

___3. 作者为什么说母亲会被110带走？
a. 因为母亲迷路了。
b. 因为母亲去开邻居的门，邻居报警了。
c. 因为母亲找不到自己的孩子了。

___4. 你觉得这篇文章要告诉大家什么？
a. 乡下人不了解城市里的生活。
b. 老年人不容易适应新的生活。
c. 现代社会给人们带来的麻烦。

四 商品房的陷阱

近年来，商品房成了老百姓讨论最多的一个话题，有的人用存了一辈子的钱来圆自己的住房梦，但一搬进新房子，就发现其实自己的噩梦刚刚开始。

有很多开发商为了多赚钱，而忽视质量。不少人刚住进新房不久，就出现了墙裂、漏水等质量问题。

商品房面积不足的现象也十分严重。一位消费者1993年买了一套房子，合同规定的面积是30.55平方米，到了97年房子盖好的时候，只有13平方米。另一位消费者购买的商品房实际面积比合同面积少了14.14平方米，开发商不但不赔偿，还威胁这位消费者说如果不按时交买房的钱，就停水停电。

商品房销售合同里面陷阱也很多。开发商常常会加上一些比较模糊的规定，对此不太熟悉的消费者往往会上当，即使打起官司来，损失的可能也是消费者。

对于购房者来说，商品房的广告也有不少陷阱。比如一些开发商故意把价格写得很低，黄金位置的房子每平方米仅1800元，但是又在后面加上了个不起眼儿的“起”字，最后各种费用加起来竟达3000

多块钱。

商品房的管理也令不少购房者头疼。乱收费、维修不及时、缺少安全感在许多地方都是家常便饭，所以许多购房者都感到：房子买得起，却住不起。

如此多的问题，如此多的陷阱，如果再不管一管，恐怕咱们老百姓猴年马月也圆不了住房梦了。

___1. 根据这篇文章，“噩梦”的意思是什么？
   a. 可怕的梦
   b. 好梦
   c. 一般的梦

___2. 开发商为了赚钱，所以商品房会出现哪些问题？
   a. 没有水电
   b. 面积不足
   c. 消费者不能按时搬进去

___3. 总的来说商品房的陷阱包括哪些方面？
   a. 质量和合同
   b. 质量和广告
   c. 质量、合同和广告

___4. 请解释一下，消费者为什么会觉得“房子买得起，住不起”？

七 写作 Writing

很多大的购物中心为了吸引顾客，推出了在该店内使用的信用卡。你很想申请一张这样的信用卡，可是你妈妈觉得那只会让你乱花钱。于是你要给爸爸一封信，希望得到他的支持：

1. 介绍这种信用卡的作用和申请方法；
2. 形容一下母亲的消费观，并说明这种消费观为什么不适合现在的情况；
3. 想象申请到这张信用卡会对母亲有什么影响。

八 解决问题 Problem-Solving Tasks

1. 你的一个朋友刚刚来这里，对这里的宿舍和租房子的情况很不了解，请你给他一些建议，让他找到自己认为满意的房子。

2. 角色扮演：先生和太太。
   太太：对现在住房（环境、条件等）非常不满意，打算买个房子。
   先生：反对换房子。

第十二課 誰開車不長眼睛？

練習 Exercise

一 重點生詞 Productive Words

A. 用中文寫出下面詞的意思

1. 執照 ______________________
2. 請假 ______________________
3. 東張西望 ______________________
4. 報銷 ______________________
5. 讓步 ______________________

B. 選擇合適的詞填空

1. 如果你不隨便超車，就_____撞到過馬路的行人，也不用賠那麼多錢。
   a. 免得　　b. 不至於　　c. 寧願
2. 搬家的時候有很多事情要準備，所以我們必須一起努力。爸爸_____訂做的家具，我和媽媽則去買一些生活中的日常用品。
   a. 負責　　b. 保險　　c. 檢查
3. 我每個月只有兩千塊錢的工資，二十萬的汽車對我來說實在是太_____了。
   a. 驚訝　　b. 舒適　　c. 奢侈
4. 你的這台電腦已經落伍了，在商場_____賣五千塊錢。
   a. 滿　　b. 頂多　　c. 最少
5. 我從小到大，一直_____能有一輛自己的汽車。
   a. 失望　　b. 盼望　　c. 願望
6. 我昨天過馬路的時候被一輛自行車___了，所以今天不能來上課。

a. 撞傷 b. 受傷 c. 事故

7. 我不是故意遲到的，只是在路上碰到了一個老同學，說了幾句話，所以_____了時間。

a. 通過 b. 損失 c. 耽誤

C. 選擇合適的單個動詞填空

刮、依、欠、滿、撞、罰、填

有一天我開車的時候不小心，_____了一棵樹，車被_____壞了。爸爸非常生氣，他_____我為他擦一個星期的車，而且他說在我_____十八歲以前，我不會有自己的汽車。_____我看，他根本就不想給我買車，這次的事故只是一個藉口。

二 猜詞能力 Word Power

猜猜下面這些詞的意思

1. 多 duō many; much
   - 頂多 dǐngduō _____
   - 至多 zhìduō _____
   - 最多 zuìduō _____
   - 夠多 gòuduō _____
   - 許多 xǔduō _____

2. 規 guī rules; regulations
   - 規則 guīzé _____
   - 規矩 guījǔ _____
   - 規定 guīdìng _____
   - 規律 guīlǜ _____

3. 望 wàng to hope; expect; watch
   - 盼望 pànwàng _____
   - 希望 xīwàng _____
   - 願望 yuànwàng _____
   - 渴望 kěwàng _____
   - 失望 shīwàng _____

4. 滿 mǎn to complete; fulfill
裝滿 zhuāngmǎn ______
塞滿 sāimǎn ______
放滿 fàngmǎn ______
堆滿 duīmǎn ______

5. 缺 quē to lack
缺乏 quēfá ______
缺少 quēshǎo ______
缺水 quēshuǐ ______
缺錢 quēqián ______
缺德 quēdé ______
缺點 quēdiǎn ______

三 成段表達 Coherent Passages

選擇合適的連接詞完成下面幾段話

1. 終於、為了、好在、偏偏、從此以後、本以為

昨天和朋友約好一起去吃飯，______不遲到，我決定奢侈一次，搭車過去。______二十分鐘就可以到，在路上卻______遇到堵車。我心想不知道在這兒要耽誤多長時間，說不定我又要被朋友罵了。______警察很快就到了，這樣我______按時到了約好的地方。______，不管去哪兒，我都要把堵車的時間算進去。

2. 讓我驚訝的是、不過、看起來

在北京我接觸過不少人，______給我印象最深的還是北京的「的dī哥」（出租車司機）。______，他們都是普通的老百姓。可是只要你一上車，他們就會和你天南地北地聊起來。從奧運會到WTO，從海報到人口政策，______，他們不僅了解這些國內外大事，而且還都有自己的看法。

四 書面和口語表達 Colloquial and Written Expressions

從下面選出最口語的(O)和最書面語的(W)句子

1. a. 控制私人汽車、發展公共交通不僅可以解決交通問題，也有助於保護環境。
   b. 控制私人汽車、發展公共交通既對交通有好處，也對環境有好處。
   c. 讓人少開車、多用公共交通工具對交通、環境都好。
   O:____ W:____

2. a. 不過，這輛我盼望已久的汽車不但沒讓我的生活更方便，反而更麻煩。
   b. 不過，我一直想要的汽車不但沒讓我的生活更方便，反而更麻煩。
   c. 不過，這輛我盼望已久的汽車給我帶來的不僅僅是方便和舒適，還有更多的麻煩。
   O:____ W:____

3. a. 天津新的交通規則改變了汽車讓自行車，自行車讓走路的人的規定。
   b. 天津交通管理局最近制定的新交通規則，對從前機動車讓自行車，自行車讓行人的規定，做出了較大改變。
   c. 天津新的交通規則改變了機動車讓自行車，自行車讓行人的規定。
   O:____ W:____

五 聽力 Listening

聽下列對話和敘述回答問題

Part 1 1. 問：發生了什麼事情？
   a. 男人走路的時候被汽車撞了。
   b. 男人開車的時候撞了一個走路的人。
   c. 他們看到了一個交通事故。

2. 問：那個女人覺得交通事故的原因是什麼？
   a. 開車的人速度太快
   b. 走路的人精神不集中。
   c. 開車的人精神不集中。

Part 2 3. 問：這個女人對交通擁擠的看法是什麼？

a. 北京的路太少，而車太多。
b. 北京汽車增加的速度太快了。
c. 多修路可以解決交通擁擠的問題。

Part 3 4. 問：這個女人做了什麼？

a. 她住在非常便宜的酒店。
b. 她要和別的公司簽合同。
c. 她的公司負責她所有的生活費用。

Part 4 5. 問：這兩個人的關係是什麼？

a. 老板和職員。
b. 老師和學生。
c. 父親和女兒。

Part 5 6. 問：下面哪個說法是錯的？

a. 北京沒有交通問題。
b. 北京是一個大城市。
c. 北京是大城市，所以也有交通問題。

7. 問：哪一個不是這段話裏提到的大城市有交通問題的原因？

a. 人們不遵守交通規則。
b. 人口太多。
c. 交通太擁擠。

8. 問：這段話的主要目的是什麼？

a. 介紹北京有交通問題的原因。
b. 批評北京的交通問題太嚴重。
c. 批評政府不發展公共交通。

六 補充閱讀 Supplemental Reading

一 新聞標題

看下面這些句子的大意，並猜猜報導的可能內容

1. 新型「寶馬」——要多酷有多酷

____

2. 保險須知：不怕一萬，只怕萬一

____

3. 要不是姚明犯規，火箭早就贏了。

____

4. 酒後駕車撞死多人，罪不至於死？

____

5. 政務要依法公開，官員要依法辦事

____

6. 從一條手帕說起

____

7. 當人向機動車「撞」來

____

二 北京的交通

近年來，北京修建了三環路、四環路和許多立交橋，使北京擁擠的交通有了明顯的改善。然而由於汽車和自行車的數量太大，人們又缺乏遵守交通規則的意識，於是北京的交通問題還是人們常談的話題之一。從現代的觀點來看，人們休閑的時間越長，就說明生活質量越高。然而對北京人來說，花在上下班路上的時間越長，休閑的時間就越短。當然上下班時間的長短和選擇什麼樣的交通工具有直接關係。據統計，坐出租汽車上班的人大多是大公司的職員，尤其是那些在外企工作的人，他們要求交通工具的快速和舒適。還有一部分老板級的人，一般開私人汽車上班。當然自行車和公共汽車還是人們上下班時的主要交通工具。

___1. 北京交通問題的主要原因不是哪一個？

a. 北京的路修得太少，不夠用。

b. 北京的自行車和汽車的數量太多。

c. 人們沒有交通意識。

___2. 根據這篇文章，休閑時間和生活質量的關係是什麼？
   a. 休閑時間長，生活質量低。
   b. 休閑時間短，生活質量低。
   c. 没什么關係。

3. 連線
   a. 公司老板　1) 公共汽車
   b. 外企職員　2) 私人汽車
   c. 普通職員　3) 出租汽車

三（全球）世界關注酒後開車

酒後開車很容易造成嚴重的交通事故。不同的國家對酒後開車的態度大不相同，懲罰的方法也很不一樣。在保加利亞，酒後開車的人可能會被判死刑；而在土耳其，酒後開車的人可能只是被送到10英里以外的地方，然後在警察的保護下走著回家。

根據統計，在工業化的國家，由於酒後開車而造成的交通事故在八十年代有了明顯的下降，但是之後，這種事故不但沒有下降，反而提高了。專家們說，在八十年代，人們對酒後開車的危險意識比較強，但是最近這種意識開始變弱。比如在美國，由於酒後開車而造成的死亡人數從1995年以後一直保持在1.715萬人左右。當然這並不是說只有美國有這個問題。在東歐和前蘇聯，這個問題也很嚴重。

在俄羅斯，政府禁止酒後開車，但是由於經濟的發展使得更多的人買得起汽車，酒後開車造成的交通事故已經到了令人擔憂的程度。在德國，警察可以在檢查站用呼吸器來判斷開車的司機是否喝過酒，但是如果他們要懲罰酒後開車的司機，必須通過驗血的檢查。因此在德國，每三百個酒後開車的司機只有一個人會被抓起來。

1. 連線：把國家和對酒後開車的司機的懲罰連起來
   a. 德國　　1) 從10英里以外的地方走著回家
   b. 保加利亞　2) 用呼吸器來判斷司機是否喝過酒
   c. 土耳其　　3) 判死刑

___2. 關於80年代，下面的說法正確的是哪一個？
   a. 酒後開車造成的交通事故非常嚴重
   b. 人們意識到了酒後開車的危險

c. 政府對酒後開車的懲罰比較嚴

___3. 1995年以後美國每年因酒後開車而造成的死亡人數保持在多少？
a. 17,150
b. 171,500
c. 1,715

四 在印度學開車

在駐印度使館工作的時候，我決定學開汽車。沒想到這個簡單的決定卻讓我吃了很多苦。在印度學開車一點也不貴，大概只要國內的一半就夠了。可是報名卻非常麻煩。印度的申請表真是讓人覺得可笑，不僅要填自己的姓名和地址，而且還要寫自己是誰的兒子，是誰的女兒或者妻子、丈夫，甚至還要填寫自己臉上明顯的標記。我覺得自己臉上沒有什麼可以稱得上標記的東西，所以就沒填這個部分。可是那位工作人員卻冷冷地告訴我，如果不填的話事情就沒那麼簡單了。沒辦法，我對著鏡子左照右照，終於在眉毛發現了一個很小的痣。

填了表以後，只要通過一次簡單的考試和一個體檢，我就可以學開車了。不過讓人驚訝的是，我竟然要在馬路上學開車。和國內專門的訓練場相比，馬路上又擁擠、又混亂，而且各種車輛在你的前後左右叫嚷，讓你時刻提心吊膽，不知道會發生什麼事情。

在訓練中我發現了一個很奇怪的問題，就是我們的訓練車和很多車一樣，沒有後視鏡。本來我想問這個問題，但是怕被別人笑話，所以就一直藏在心裏。半個月之後，我拿到了駕駛執照，可以享受一下開車上班的感覺了。第一次上路，正好是上班的高峰期。剛學會開車的我，緊緊地握著方向盤。新德里的交通堵塞雖然沒有北京的那麼嚴重，但是這裏的車好像都不遵守交通規則。兩輪摩托和三輪摩托都可以搶快車道。逆行車可以用大燈毫不客氣地閃對面開過來的汽車。更糟的是，一遇到紅燈，所有的車都不停地按喇叭，綠燈一亮，我的車還沒開起來，旁邊的一輛車就像箭一樣出去，「嘩」地一下刮掉了我的後視鏡。我突然笑了起來，我終於知道為什麼大家的車上都沒有後視鏡了。

刪節自《青年文摘》

1. 對比：根據這篇文章你發現在印度學開車跟在國內學開車有哪些不同？

	印度	中國
價格		
填表内容		
學車地點		

___2. 為什麼在印度很多汽車都没有後視鏡？
 a. 因為馬路不寬，不需要後視鏡。
 b. 很多汽車的後視鏡都被刮掉了。
 c. 汽車的設計比較特別。

___3. 「我」第一次開車上班的路上發生了什麼事情？
 a. 我的後視鏡被刮掉了。
 b. 因为「我」開得太慢，所以很多汽車都按喇叭。
 c. 没碰到紅燈。

七 寫作 Writing

敘述：今天大家一起玩遊戲「誰最倒霉」。每個人都要講一個故事，然後大家投票決定誰是最倒霉的人。你決定講自己經歷的一次交通事故，因為你覺得那次你最倒霉：

1) 交通事故發生的時間、地點；
2) 交通事故發生的過程；
3) 發生之後你和另一個司機做了什麼；
4) 警察怎麼看這次事故，你為什麼覺得自己倒霉；
5) 你覺得什麼結果才是公平的。

八 解決問題 Problem-Solving Tasks

1. 你的朋友要考駕駛執照，請你教他開車。你在教他開車的同時，要告訴他必須遵守什麼樣的規則，以及要特別注意什麼事情。
2. 你想建議大家用自行車代替汽車，請你準備一個演講，說服別人儘量少用汽車。

练习 Exercise

一 重点生词 Productive Words

A. 用中文写出下面词的意思

1. 执照 ______________________
2. 请假 ______________________
3. 东张西望 ______________________
4. 报销 ______________________
5. 让步 ______________________

B. 选择合适的词填空

1. 如果你不随便超车，就_____撞到过马路的行人，也不用赔那么多钱。
   a. 免得　　b. 不至于　　c. 宁愿
2. 搬家的时候有很多事情要准备，所以我们必须一起努力。爸爸_____订做的家具，我和妈妈则去买一些生活中的日常用品。
   a. 负责　　b. 保险　　c. 检查
3. 我每个月只有两千块钱的工资，二十万的汽车对我来说实在是太_____了。
   a. 惊讶　　b. 舒适　　c. 奢侈
4. 你的这台电脑已经落伍了，在商场里_____卖五千块钱。
   a. 满　　b. 顶多　　c. 最少
5. 我从小到大，一直_____能有一辆自己的汽车。
   a. 失望　　b. 盼望　　c. 愿望
6. 我昨天过马路的时候被一辆自行车___了，所以今天不能来上课。
   a. 撞伤　　b. 受伤　　c. 事故
7. 我不是故意迟到的，只是在路上碰到了一个老同学，说了几句话，所以_____了时间。
   a. 通过　　b. 损失　　c. 耽误

C. 选择合适的单个动词填空

刮、依、欠、满、撞、罚、填

有一天我开车的时候不小心，____了一棵树，车被____坏了。爸爸非常生气，他____我为他擦一个星期的车，而且他说在我____十八岁以前，我不会有自己的汽车。____我看，他根本就不想给我买车，这次的事故只是一个借口。

二 猜词能力 Word Power

猜猜下面这些词的意思

1. 多 duō many; much
   - 顶多 dǐngduō ____
   - 至多 zhìduō ____
   - 最多 zuìduō ____
   - 够多 gòuduō ____
   - 许多 xǔduō ____

2. 规 guī rules; regulations
   - 规则 guīzé ____
   - 规矩 guījǔ ____
   - 规定 guīdìng ____
   - 规律 guīlǜ ____

3. 望 wàng to hope; expect; watch
   - 盼望 pànwàng ____
   - 希望 xīwàng ____
   - 愿望 yuànwàng ____
   - 渴望 kěwàng ____
   - 失望 shīwàng ____

4. 满 mǎn to complete; fulfill
   - 装满 zhuāngmǎn ____
   - 塞满 sāimǎn ____
   - 放满 fàngmǎn ____

	堆满	duīmǎn	______
5.	缺	quē	to lack
	缺乏	quēfá	______
	缺少	quēshǎo	______
	缺水	quēshuǐ	______
	缺钱	quēqián	______
	缺德	quēdé	______
	缺点	quēdiǎn	______

三 成段表达 Coherent Passages

选择合适的连接词完成下面几段话

1. 终于、为了、好在、偏偏、从此以后、本以为

昨天和朋友约好一起去吃饭，_____不迟到，我决定奢侈一次，搭车过去。_____二十分钟就可以到，在路上却_____遇到堵车。我心想不知道在这儿要耽误多长时间，说不定我又要被朋友骂了。_____警察很快就到了，这样我_____按时到了约好的地方。_____，不管去哪儿，我都要把堵车的时间算进去。

2. 让我惊讶的是、不过、看起来

在北京我接触过不少人，_____给我印象最深的还是北京的"的dī哥"（出租车司机）。_____，他们都是普通的老百姓。可是只要你一上车，他们就会和你天南地北地聊起来。从奥运会到WTO，从海报到人口政策，_____，他们不仅了解这些国内外大事，而且还都有自己的看法。

四 书面和口语表达 Colloquial and Written Expressions

从下面选出最口语的(O)和最书面语的(W)句子

1. a. 控制私人汽车、发展公共交通不仅可以解决交通问题，也有助于保护环境。
   b. 控制私人汽车、发展公共交通既对交通有好处，也对环境有好處。
   c. 让人少开车、多用公共交通工具对交通、环境都好。

O:____ W:____

2. a. 不过，这辆我盼望已久的汽车不但没让我的生活更方便，反而更麻烦。
   b. 不过，我一直想要的汽车不但没让我的生活更方便，反而更麻烦。
   c. 不过，这辆我盼望已久的汽车给我带来的不仅仅是方便和舒适，还有更多的麻烦。

   O:____ W:____

3. a. 天津新的交通规则改变了汽车让自行车，自行车让走路的人的规定。
   b. 天津交通管理局最近制定的新交通规则，对从前机动车让自行车，自行车让行人的规定，做出了较大改变。
   c. 天津新的交通规则改变了机动车让自行车，自行车让行人的规定。

   O:____ W:____

五 听力 Listening

听下列对话和叙述回答问题

Part 1

1. 问：发生了什么事情？
   a. 男人走路的时候被汽车撞了。
   b. 男人开车的时候撞了一个走路的人。
   c. 他们看到了一个交通事故。

2. 问：那个女人觉得交通事故的原因是什么？
   a. 开车的人速度太快
   b. 走路的人精神不集中。
   c. 开车的人精神不集中。

Part 2

3. 问：这个女人对交通拥挤的看法是什么？
   a. 北京的路太少，而车太多。
   b. 北京汽车增加的速度太快了。
   c. 多修路可以解决交通拥挤的问题。

Part 3 4. 问：这个女人做了什么？

a. 她住在非常便宜的酒店。

b. 她要和别的公司签合同。

c. 她的公司负责她所有的生活费用。

Part 4 5. 问：这两个人的关系是什么？

a. 老板和职员。

b. 老师和学生。

c. 父亲和女儿。

Part 5 6. 问：下面哪个说法是错的？

a. 北京没有交通问题。

b. 北京是一个大城市。

c. 北京是大城市，所以也有交通问题。

7. 问：哪一个不是这段话里提到的大城市有交通问题的原因？

a. 人们不遵守交通规则。

b. 人口太多。

c. 交通太拥挤。

8. 问：这段话的主要目的是什么？

a. 介绍北京有交通问题的原因。

b. 批评北京的交通问题太严重。

c. 批评政府不发展公共交通。

六 补充阅读 Supplemental Reading

一 新闻标题

看下面这些句子的大意，并猜猜报导的可能内容

1. 新型“宝马”——要多酷有多酷

____

2. 保险须知：不怕一万，只怕万一

____

3. 要不是姚明犯规，火箭早就赢了。

____

4. 酒后驾车撞死多人，罪不至于死?

____

5. 政务要依法公开，官员要依法办事

____

6. 从一条手帕说起

____

7. 当人向机动车“撞”来

____

二 北京的交通

近年来，北京修建了三环路、四环路和许多立交桥，使北京拥挤的交通有了明显的改善。然而由于汽车和自行车的数量太大，人们又缺乏遵守交通规则的意识，于是北京的交通问题还是人们常谈的话题之一。从现代的观点来看，人们休闲的时间越长，就说明生活质量越高。然而对北京人来说，花在上下班路上的时间越长，休闲的时间就越短。当然上下班时间的长短和选择什么样的交通工具有直接关系。据统计，坐出租汽车上班的人大多是大公司的职员，尤其是那些在外企工作的人，他们要求交通工具的快速和舒适。还有一部分老板级的人，一般开私人汽车上班。当然自行车和公共汽车还是人们上下班时的主要交通工具。

___1. 北京交通问题的主要原因不是哪一个？
　a. 北京的路修得太少，不够用。
　b. 北京的自行车和汽车的数量太多。
　c. 人们没有交通意识。

___2. 根据这篇文章，休闲时间和生活质量的关系是什么？
　a. 休闲时间长，生活质量低。
　b. 休闲时间短，生活质量低。
　c. 没什么关系。

3. 连线
   a. 公司老板　　1) 公共汽车
   b. 外企职员　　2) 私人汽车
   c. 普通职员　　3) 出租汽车

三（全球）世界关注酒后开车

酒后开车很容易造成严重的交通事故。不同的国家对酒后开车的态度大不相同，惩罚的方法也很不一样。在保加利亚，酒后开车的人可能会被判死刑；而在土耳其，酒后开车的人可能只是被送到10英里以外的地方，然后在警察的保护下走着回家。

根据统计，在工业化的国家，由于酒后开车而造成的交通事故在八十年代有了明显的下降，但是之后，这种事故不但没有下降，反而提高了。专家们说，在八十年代，人们对酒后开车的危险意识比较强，但是最近这种意识开始变弱。比如在美国，由于酒后开车而造成的死亡人数从1995年以后一直保持在1.715万人左右。当然这并不是说只有美国有这个问题。在东欧和前苏联，这个问题也很严重。

在俄罗斯，政府禁止酒后开车，但是由于经济的发展使得更多的人买得起汽车，酒后开车造成的交通事故已经到了令人担忧的程度。在德国，警察可以在检查站用呼吸器来判断开车的司机是否喝过酒，但是如果他们要惩罚酒后开车的司机，必须通过验血的检查。因此在德国，每三百个酒后开车的司机只有一个人会被抓起来。

1. 连线：把国家和对酒后开车的司机的惩罚连起来
   a. 德国　　1) 从10英里以外的地方走着回家
   b. 保加利亚　　2) 用呼吸器来判断司机是否喝过酒
   c. 土耳其　　3) 判死刑

___2. 关于80年代，下面的说法正确的是哪一个？
   a. 酒后开车造成的交通事故非常严重
   b. 人们认识到了酒后开车的危险
   c. 政府对酒后开车的惩罚比较严

___3. 1995年以后美国每年因酒后开车而造成的死亡人数保持在多少？
   a. 17,150
   b. 171,500
   c. 1,715

四 在印度学开车

在驻印度使馆工作的时候，我决定学开汽车。没想到这个简单的决定却让我吃了很多苦。在印度学开车一点也不贵，大概只要国内的一半就够了。可是报名却非常麻烦。印度的申请表真是让人觉得可笑，不仅要填自己的姓名和地址，而且还要写自己是谁的儿子，是谁的女儿或者妻子、丈夫，甚至还要填写自己脸上明显的标记。我觉得自己脸上没有什么可以称得上标记的东西，所以就没填这个部分。可是那位工作人员却冷冷地告诉我，如果不填的话事情就没那么简单了。没办法，我对着镜子左照右照，终于在眉毛里发现了一个很小的痣。

填了表以后，只要通过一次简单的考试和一个体检，我就可以学开车了。不过让人惊讶的是，我竟然要在马路上学开车。和国内专门的训练场相比，马路上又拥挤、又混乱，而且各种车辆在你的前后左右叫嚷，让你时刻提心吊胆，不知道会发生什么事情。

在训练中我发现了一个很奇怪的问题，就是我们的训练车和很多车一样，没有后视镜。本来我想问这个问题，但是怕被别人笑话，所以就一直藏在心里。半个月之后，我拿到了驾驶执照，可以享受一下开车上班的感觉了。第一次上路，正好是上班的高峰期。刚学会开车的我，紧紧地握着方向盘。新德里的交通堵塞虽然没有北京的那么严重，但是这里的车好象都不遵守交通规则。两轮摩托和三轮摩托都可以抢快车道。逆行车可以用大灯毫不客气地闪对面开过来的汽车。更糟的是，一遇到红灯，所有的车都不停地按喇叭，绿灯一亮，我的车还没开起来，旁边的一辆车就象箭一样冲出去，“哗”地一下刮掉了我的后视镜。我突然笑了起来，我终于知道为什么大家的车上都没有后视镜了。

删节自《青年文摘》

1. 对比：根据这篇文章你发现在印度学开车跟在国内学开车有哪些不同？

	印度	中国
价格		
填表内容		
学车地点		

___2. 为什么在印度很多汽车都没有后视镜？

a. 因为马路不宽，不需要后视镜。
b. 很多汽车的后视镜都被刮掉了。
c. 汽车的设计比较特别。

___3. "我"第一次开车上班的路上发生了什么事情？
a. 我的后视镜被刮掉了。
b. 因为"我"开得太慢，所以很多汽车都按喇叭。
c. 没碰到红灯 。

七 写作 Writing

叙述：今天大家一起玩游戏"谁最倒霉"。每个人都要讲一个故事，然后大家投票决定谁是最倒霉的人。你决定讲自己经历的一次交通事故，因为你觉得那次你最倒霉：

1) 交通事故发生的时间、地点；
2) 交通事故发生的过程；
3) 发生之后你和另一个司机做了什么；
4) 警察怎么看这次事故，你为什么觉得自己倒霉；
5) 你觉得什么结果才是公平的。

八 解决问题 Problem-Solving Tasks

1. 你的朋友要考驾驶执照，请你教他开车。你在教他开车的同时，要告诉他必须遵守什么样的规则，以及要特别注意什么事情。
2. 你想建议大家用自行车代替汽车，请你准备一个演讲，说服别人尽量少用汽车。

第十三課 生了病怎麼辦？

練習 Exercise

一 重點生詞 Productive Words

A. 用中文寫出下面詞的意思

1. 養病 ______________________________
2. 出院 ______________________________
3. 打官司 ______________________________
4. 延長 ______________________________
5. 監督 ______________________________

B. 選擇合適的詞填空

1. 我明天要去看女朋友的父母，聽說他們家_____特別多，所以我有點緊張。
   a. 規則　　b. 規矩　　c. 規定
2. 老人得了重病住院的時候，想到死亡和不治之症是_____的。
   a. 未免　　b. 難免　　c. 免得
3. 我剛剛被老板炒了魷魚，生活很糟，不過還沒到沒飯吃的___。
   a. 地步　　b. 水平　　c. 進步
4. 因為今天的課很有意思，下課時間到了大家還一直在討論，所以老師決定把上課時間_____十分鐘。
   a. 延長　　b. 耽誤　　c. 控制
5. 這個手術非常複雜，醫生_____要花一個星期的時間準備。
   a. 起碼　　b. 頂多　　c. 趕緊
6. 你剛剛出院，不要急著工作，要多多_____身體。
   a. 關照　　b. 保重　　c. 恢復
7. 法律規定二十一歲以下的人不可以喝酒，如果有人違反了這個規定，會有_____的後果。
   a. 嚴肅　　b. 嚴重　　c. 深刻

C. 選擇合適的單個動詞填空

糟、憋、急、躲、欠、怪

小明上個月向我借了一百塊錢，一直都沒還，而且我覺得他好像故意_____著我。我現在_____著用錢，可是又不好意思提醒他還_____我的錢。我們畢竟是好朋友，如果我這麼說，一定會使我們的關係變得很_____。可是後來我真的_____不住了，就向他要那一百塊錢，他馬上大叫地說，他完全忘了這件事，還_____我為什麼不早點提醒他。所以現在我覺得朋友之間應該有什麼話就說。

二 猜詞能力 Word Power

猜猜下面這些詞的意思

1. 癌 ái/yán cancer
   - 胃癌 wèi'ái _____
   - 鼻癌 bí'ái _____
   - 骨癌 gǔ'ái _____
   - 血癌 xuè'ái _____
   - 皮膚癌 pífū'ái _____

2. 養 yǎng to cultivate; nourish
   - 養病 yǎngbìng _____
   - 養老 yǎnglǎo _____
   - 養神 yǎngshén _____
   - 養身體 yǎngshēntǐ _____

3. 嚴 yán strict; rigorous; severe
   - 嚴肅 yánsù _____
   - 嚴格 yángé _____
   - 嚴厲 yánlì _____
   - 嚴重 yánzhòng _____

4. 果 guǒ fruit; nut
   - 後果 hòuguǒ _____

結果	jiéguǒ	______
效果	xiàoguǒ	______
成果	chéngguǒ	______
水果	shuǐguǒ	______

5. 意 yì meaning; idea; intention

心意	xīnyì	______
生意	shēngyì	______
好意	hǎoyì	______
同意	tóngyì	______
有意	yǒuyì	______
無意	wúyì	______
滿意	mǎnyì	______

三 成段表達 Coherent Passages

選擇合適的連接詞完成下面幾段話

1. 還有、要不然、首先、況且、曾經、因此

我______因病住過一段時間的醫院，______對醫院的生活多少有一些了解。我覺得生病以後還是能不住院，就不住院。______醫院的環境不好，不管到哪兒都是病人，都是藥味；______幾個人合住一個病房，睡前的習慣不同，晚上也休息不好；______醫院的飯菜實在太糟，已經到了沒法吃的地步。當然如果有需要，你還是應該住院，______病治不好也不行。

2. 哪怕、當時、真巧、前後

______，昨天我去醫院看病的時候竟然見到了我高中時候的好朋友。______，她正在給病人看病，我們都覺得熟悉，可是一時卻想不起來對方的名字。也難怪，從畢業到現在，______大概有十幾年了。不過後來我們都覺得，______再過十幾年也能回想起從前的朋友來。

四 書面和口語表達 Colloquial and Written Expressions

從下面選出最口語的(O)和最書面語的(W)句子

1. a. 到中國旅遊之後，我發現了中西文化的不同。
   b. 有了親身的旅遊經歷之後，我才體會到了中西文化的不同。
   c. 到中國旅遊以後，我發現中西文化很不一樣。
   O:____ W:____

2. a. 由於醫生耽誤了手術的時間，導致病人死亡。
   b. 因為醫生的手術太晚，所以病人死了。
   c. 因為醫生耽誤了手術的時間，所以病人死了。
   O:____ W:____

3. a. 很多人覺得因為沒人管，所以學生不按學校的規定做事。
   b. 很多人覺得因為缺乏監督，所以學生不按學校的規定做事。
   c. 許多人認為缺乏監督，是學生不遵守學校規定的原因。
   O:____ W:____

4. a. 你離開外企去國企，收入不是會少很多嗎？
   b. 你離開外企去國企，收入豈不是要減少很多嗎？
   c. 你從外企走了，賺的不就少了嗎？
   O:____ W:____

五 聽力 **Listening**

聽下列對話和敘述回答問題

Part 1 1. 問：哪個說法可能是女人的觀點？
   a. 醫院可以決定讓病人安樂死。
   b. 如果病人要求安樂死，醫院可以做。
   c. 不管什麼情況，醫院都不能讓病人安樂死。

Part 2 2. 問：女人為什麼要出院？
   a. 她的身體特別糟。
   b. 她恢復健康了。
   c. 她覺得醫院的環境對她的身體不好。

Part 3　3. 問：這個男人的話是什麼意思？

a. 老王活不了太久了。
b. 醫院不讓人晚上去看病人。
c. 他現在有時間去看老王，以後可能會很忙。

4. 問：女人覺得男人的話怎麼樣？

a. 有道理。
b. 太過分。
c. 太對了。

Part 4　5. 問：病人為什麼要用法律來解決醫療糾紛？

a. 大家的法律意識比以前高了。
b. 醫療事故比以前多了。
c. 醫生的法律意識提高了。

6. 問：哪個醫療事故比較容易用法律解決？

a. 醫生故意給病人開很貴的藥。
b. 醫生的手術失敗。
c. 醫生故意不讓病好了的病人出院。

六 補充閱讀 Supplemental Reading

一 新聞標題

看下面這些句子的大意，並猜猜報導的可能內容

1. 哪怕到月球上打球，湖人也是最大奪冠熱門

____

2. 亞洲鬧禽流感，美國有瘋牛病：人們到了談肉色變的地步

____

3. 卡拉OK插播廣告:廣告到了無孔不入的地步

____

4. 以安全為由，監控雇員的郵件往來

____

5. 健康減肥風行，台灣民眾一年喝掉740萬噸茶

____

6. 克隆羊多利安樂死

____

7. 醫療糾紛頻發：醫生與患者究竟誰是弱勢團體？

____

二 黑心「醫托」

所謂「醫托」指的是那些專門為一些醫院或者醫生介紹病人，並以此為生的人。要提醒大家的是，他們介紹的醫院或者醫生一點也不可靠，而且很可能是一些非法的醫院。

「醫托」們通常都是兩個人一起活動，一男一女，有的甚至是老人抱著個小孩，就像是來醫院看病的。為了能得到病人的信任，他們一般在大醫院的門口活動，看到有合適的目標，他們就裝著隨便的樣子和他聊天。先問問對方的病，然後再介紹自己家人的「看病經歷」，徹底得到病人信任後，就向他推薦一家醫院。

「醫托」們騙人的時候，是有選擇的。一般來說，他們的對象是以下三類人：一是從農村來看病的，因為他們對城裏醫院的情況了解很少，再加上求醫心切，很容易被騙；二是年齡偏大的病人，容易被勸說，即使發現「醫托」在騙他們，老人也不會跟他們打官司；三是得了怪病的人，這些人由於長期看病，心情難免會有些著急，所以禁不住「醫托」們的勸說。

「醫托」為小醫院、私人診所拉來病人，每月起碼可以有幾百元的工資，而且每介紹一個病人就會有十至三十元不等的獎金，一個月下來，收入上千元，多的達數千元。當然這些錢最終都會落在病人身上。

刪節自《中國新聞社》

___1. 關於「醫托」，下面說法不正確的是哪一個？

a. 是為一些醫院或者醫生介紹病人的人。

b. 他們介紹的醫生往往不太可靠。

c. 「醫托」以年輕人為主。

___2. 排序：「醫托」怎麼向病人推薦醫院？

a. 向病人介紹自己的看病經歷
b. 打扮成病人的樣子在醫院活動
c. 和病人聊天
d. 了解病人的病情和看病經歷

___3. 「醫托」一般會選擇哪些病人？
a. 年輕人
b. 住在城裏的人
c. 長期看病的人

___4. 根據這篇文章，什麼樣的人不容易被「醫托」欺騙？
a. 非常著急治好病的人
b. 得了重感冒的病人
c. 從農村來看病的人

三 拔牙淚史

日本的牙科診所滿街都是，剛到那兒的中國人常常覺得奇怪：中國人什麼都吃，卻難見幾個牙科診所;而日本人吃得那麼少、那麼淡，壞牙的怎麼那麼多？有人說，可能是日本的水不好；也有人說，這叫文明。

最近，我們的牙科也慢慢多了起來。我的一位朋友以前煙、酒、糖、茶、再加上不刷牙「五毒俱全」，但是牙根一直還很穩固，只是有點黑。於是為了追求文明，他也跑去洗牙。後來，他給我們形容洗牙的感覺時說：「這麼大，我就小時候找不著家的時候，哭過一次。那天洗牙的時候我真的哭了。疼啊！滿嘴都是血，那個漂亮的護士怎麼下得了手？」不過牙畢竟白了，看來疼還是值得的。

不料，半年後潔白的牙齒又黑了，而且連形狀都和原來差很多。不僅如此，本來很穩固的牙根也動起來了，遇到硬的食物也開始文明地喊起「牙疼」來了！

這次他去了一家大醫院。早上五點就去排隊掛號，結果還掛了一個50號。在椅子上先睡了一覺，醒了以後看到才到20號，於是隨手把旁邊的意見簿拿過來，看來看牙科的病人是最無聊的，本子上寫滿了各種意見。有人建議：醫院應該在樓道安裝電視，播放美國大片，這樣等號的人才不會那麼無聊。還有人建議這裏可以準備一些小吃，邊看電視邊吃東西。每條意見下面都有醫生的回答，這條下面的回答是:你先把牙治好了,再談吃的吧!

最後我的朋友被拔了五顆牙,新牙據說是什麼烤瓷的,貴得驚人,但是不會再黑。所以我的朋友很滿意,每次說話的時候都會故意張大嘴,露出和廁所馬桶一個顏色的牙齒。

刪節自《三連生活周刊》2002年5月

___1. 「五毒俱全」指的是什麼?
 a. 五種不好的壞習慣
 b. 五種吃的東西
 c. 五種有毒的東西

___2. 作者朋友拔牙的感覺是什麼?
 a. 非常疼
 b. 護士很漂亮
 c. 很多人都哭

___3. 下面哪個不是牙科病人的意見?
 a. 在醫院樓道裏播電影
 b. 在醫院樓道裏準備吃的東西
 c. 在醫院樓道裏準備意見簿

___4. 作者覺得為什麼那麼多病人在意見簿上寫自己的意見?
 a. 因為排隊看病的時候太無聊
 b. 因為牙科病人有很多意見
 c. 因為牙科病人太多

___5. 你覺得作者對牙科和看牙的人抱著什麼態度?
 a. 諷刺
 b. 尊敬
 c. 無所謂

四 無法回避的安樂死

西安九名癌症患者給媒體寫信,要求安樂死。這九名病人並不是不愛自己的生命,而是實在無法忍受肉體與精神的折磨,才向社會呼籲,給他們一個選擇死亡的自由。但是因為中國沒有關於安樂死的法律,這些病人難免要繼續忍受折磨。

荷蘭老太太迪利婭是幸運的，在她的要求下，她得到了自己希望的安靜的死亡。由於在荷蘭安樂死是合法的，醫生們可以根據嚴格的程序為她實行安樂死。她的兒女們圍在身邊，錄音機放著她最喜歡的音樂，她以體面的、人道的方式離開了世界。這讓我們深刻體會到了，死亡方式對一個癌症患者來說，可能比靠藥來延長生命更重要。但是，像迪利婭這樣幸運的人恐怕只是少數，更多的人只能是無可奈何地接受治療。他們雖然還活著，但是他們的生活沒有什麼樂趣，而是充滿了痛苦。

每當看到這些人的生活時，我們就不得不思考這嚴肅的問題：人到底有沒有死亡的權利？反對安樂死的人不外乎有兩個理由，第一是認為生命是上帝給的，所以也只能由上帝收回，人不能自己決定死亡；第二種比較現實，他們擔心一旦承認安樂死是合法的，就會出現難以控制的不好的後果，難免會出現表面自願、實際被迫的安樂死的現象。

雖然在大多數國家，安樂死並不合法，但是安樂死的例子已經不少見了。1986年，陝西一位醫生在患者子女的請求下，為他們得了癌症的母親實行了安樂死。但是有人認為這位醫生這麼做不合法，甚至和他打官司，而法院認為這位醫生沒罪。那麼，這是不是意味著在中國，安樂死已經有被接受的可能了呢？專家好像並不同意。看來關於安樂死的討論還會繼續下去。

刪節自《北京青年報》2001年4月16日

___1. 西安的癌症患者為什麼要求安樂死?
- a. 他們不願意再忍受疾病的折磨
- b. 他們不滿意中國的法律
- c. 他們認為自己的病不會被治好

___2. 作者為什麼說「荷蘭老太太迪利婭是幸運的」？
- a. 因為她可以選擇體面地、安靜地死亡
- b. 因為她接受了更好的治療
- c. 因為她去世的時候她的兒女陪在身邊

___3. 哪個不是人們反對安樂死的理由？
- a. 根據宗教信仰，人沒有權利決定生死
- b. 醫生不能殺死病人
- c. 很難判斷一個人是否真的願意安樂死

___4. 下面說法哪個是正確的？
   a. 安樂死只在少数的幾個國家是合法的
   b. 安樂死的例子非常少見
   c. 安樂死的問題不會再被大家討論

五 恩科西與AIDS分手

恩科西生於1989年2月4日，由於母親是艾滋病患者，所以恩科西一出生就帶有艾滋病病毒。醫生說他最多能活九個月。

由於家庭情況很糟，恩科西的父母只好在他兩歲時將他送給了別人。當時醫生說恩科西最多能再活六個星期。但是在養母的精心照顧和鼓勵下，恩科西一直活到十二歲，是南非艾滋病患者活的時間最長的人。

在南非艾滋病已經到了很嚴重的地步，每九個人中就有一位艾滋病感染者。由於醫學落後，教育程度比較低，人們對艾滋病患者十分歧視。艾滋病患者常常這也不能去，那也不能去，連最起碼的自由都沒有。由於政府沒有好的預防艾滋病的政策，導致像恩科西這樣的艾滋病患者根本得不到什麼幫助。如果不是養母的照顧，後果恐怕很難想像。

1997年恩科西到了上學的年齡，幾乎所有的學校都以他有艾滋病為由拒絕接受他。這件事讓恩科西受到了很大的折磨，得艾滋病不是他的錯，不管怎麼樣，他應該有受教育的權利。他和養母為此做了一系列的鬥爭，最後由於政府和新聞界的壓力，恩科西才得到了受教育的權利，成為南非第一名在校的艾滋病患者。在南非，現在得艾滋病的兒童可以上學是恩科西鬥爭的結果。

恩科西還和養母一起建了一個專門收養得了艾滋病的婦女和兒童的機構，呼籲社會來幫助艾滋病患者，不要孤立他們。他的故事改變了南非人對艾滋病的錯誤看法，越來越多的人理解了艾滋病是如何傳染的，理解了擁抱和照顧艾滋病患者並不會被感染的道理。2000年7月在南非德班舉行的第十三屆世界艾滋病大會上，恩科西走上講台，面對官員與媒體記者，介紹了自己與艾滋病鬥爭的經歷，呼籲全世界關注艾滋病患者，重視艾滋病的預防工作。他大聲呼籲所有的人應該像自己養母這樣不歧視艾滋病患者，讓艾滋病患者享受豐富的生活，他也呼籲政府應該想辦法預防艾滋病，向艾滋病孕婦提供藥物，降低兒童患艾滋病的比率。

恩科西的故事感動了很多人，但是他最後還是不能避免死亡的命運，2001年的6月1號，十二歲的恩科西離開了這個世界。他的故事會一直提醒我們，這個世界上還有很多像他一樣和死亡鬥爭的孩子需要我們的關心。

刪節自《北京青年報》2001年6月8日

七 寫作 Writing

最近關於醫療事故的問題引起了大家的注意，電視台的「焦點訪談」節目打算請不同的人來討論一下這個問題。你作為一個患者，決定講自己的經歷：

1) 介紹你的醫療事故發生的原因、過程、結果和解決方法；
2) 從這個經歷中你看到了什麼問題；
3) 你覺得醫生、病人和醫院之間應該是什麼樣的關係。

八 解決問題 Problem-Solving Tasks

1. 你認識了一個剛到這兒的留學生，他最近總是牙疼，可是不知道該怎麼看醫生，請你幫幫他，告訴他在這裏怎麼看病。
2. 你的一個好朋友住院了，你要去看她，想一想你帶什麼禮物去看她，和她說些什麼。
3. 你的醫生有些讓你不滿意的地方，你打算怎麼告訴他，讓他改。

练习 Exercise

一 重点生词 Productive Words

A. 用中文写出下面词的意思

1. 养病 ______
2. 出院 ______
3. 打官司 ______
4. 延长 ______
5. 监督 ______

B. 选择合适的词填空

1. 我明天要去看女朋友的父母，听说他们家_____特别多，所以我有点紧张。
   a. 规则 b. 规矩 c. 规定
2. 老人得了重病住院的时候，想到死亡和不治之症是_____的。
   a. 未免 b. 难免 c. 免得
3. 我刚刚被老板炒了鱿鱼，生活很糟，不过还没到没饭吃的_____。
   a. 地步 b. 水平 c. 进步
4. 因为今天的课很有意思，下课时间到了大家还一直在讨论，所以老师决定把上课时间_____十分钟。
   a. 延长 b. 耽误 c. 控制
5. 这个手术非常複杂，医生_____要花一个星期的时间准备。
   a. 起码 b. 顶多 c. 赶紧
6. 你刚刚出院，不要急着工作，要多多_____身体。
   a. 关照 b. 保重 c. 恢复
7. 法律规定二十一岁以下的人不可以喝酒，如果有人违反了这个规定，会有_____的后果。
   a. 严肃 b. 严重 c. 深刻

C. 选择合适的单个动词填空

糟、憋、急、躲、欠、怪

小明上个月向我借了一百块钱，一直都没还，而且我觉得他好象故意_____着我。我现在_____着用钱，可是又不好意思提醒他还_____我的钱。我们毕竟是好朋友，如果我这么说，一定会使我们的关系变得很_____。可是后来我真的_____不住了，就向他要那一百块钱，他马上大叫地说，他完全忘了这件事，还_____我为什么不早点提醒他。所以现在我觉得朋友之间应该有什么话就说。

二 猜词能力 Word Power

猜猜下面这些词的意思

1. 癌 ái/yán cancer
   - 胃癌 wèi'ái _____
   - 鼻癌 bí'ái _____
   - 骨癌 gǔ'ái _____
   - 血癌 xuè'ái _____
   - 皮肤癌 pífūi'ái _____

2. 养 yǎng to cultivate; nourish
   - 养病 yǎngbìng _____
   - 养老 yǎnglǎo _____
   - 养神 yǎngshén _____
   - 养身体 yǎngshēntǐ _____

3. 严 yán strict; rigorous; severe
   - 严肃 yánsù _____
   - 严格 yángé _____
   - 严厉 yánlì _____
   - 严重 yánzhòng _____

4. 果 guǒ fruit; nut
   - 后果 hòuguǒ _____
   - 结果 jiéguǒ _____
   - 效果 xiàoguǒ _____
   - 成果 chéngguǒ _____

	水果	shuǐguǒ	______
5.	意	yì	meaning; idea; intention
	心意	xīnyì	______
	生意	shēngyì	______
	好意	hǎoyì	______
	同意	tóngyì	______
	有意	yǒuyì	______
	无意	wúyì	______
	满意	mǎnyì	______

三 成段表达 Coherent Passages

选择合适的连接词完成下面几段话

1. 还有、要不然、首先、况且、曾经、因此

   我_____因病住过一段时间的医院，_____对医院里的生活多少有一些了解。我觉得生病以后还是能不住院，就不住院。_____医院的环境不好，不管到哪儿都是病人，都是药味；_____几个人合住一个病房，睡前的习惯不同，晚上也休息不好；_____医院的饭菜实在太糟，已经到了没法吃的地步。当然如果有需要，你还是应该住院，_____病治不好也不行。

2. 哪怕、当时、真巧、前后

   _____，昨天我去医院看病的时候竟然见到了我高中时候的好朋友。_____，她正在给病人看病，我们都觉得熟悉，可是一时却想不起来对方的名字。也难怪，从毕业到现在，_____大概有十几年了。不过后来我们都觉得，_____再过十几年也能回想起从前的朋友来。

四 书面和口语表达 Colloquial and Written Expressions

从下面选出最口语的(O)和最书面语的(W)句子

1. a. 到中国旅游之后，我发现了中西文化的不同。
   b. 有了亲身的旅游经历之后，我才体会到了中西文化的不同。

c. 到中国旅游以后，我发现中西文化很不一样。
O:____ W:____

2. a. 由於医生手术不及时，导致病人死亡。
b. 因为医生的手术太晚，所以病人死了。
c. 因为医生手术不及时，所以病人死了。
O:____ W:____

3. a. 很多人觉得因为没人管，所以学生不按学校的规定做事。
b. 很多人觉得因为缺乏监督，所以学生不按学校的规定做事。
c. 许多人认为缺乏监督，是学生不遵守学校规定的原因。
O:____ W:____

4. a. 你离开外企去国企，收入不是会少很多吗？
b. 你离开外企去国企，收入岂不是要减少很多吗？
c. 你从外企走了，赚的不就少了吗？
O:____ W:____

五 听力 Listening

听下列对话和叙述回答问题

Part 1 1. 问：哪个说法可能是女人的观点？
a. 医院可以决定让病人安乐死。
b. 如果病人要求安乐死，医院可以做。
c. 不管什么情况，医院都不能让病人安乐死。

Part 2 2. 问：女人为什么要出院？
a. 她的身体特别糟。
b. 她恢复健康了。
c. 她觉得医院的环境对她的身体不好。

Part 3 3. 问：这个男人的话是什么意思？
a. 老王活不了太久了。

b. 医院不让人晚上去看病人。
c. 他现在有时间去看老王，以后可能会很忙。

4. 问：女人觉得男人的话怎么样？
   a. 有道理。
   b. 太过分。
   c. 太对了。

Part 4 5. 问：病人为什么要用法律来解决医疗纠纷？
   a. 大家的法律意识比以前高了。
   b. 医疗事故比以前多了。
   c. 医生的法律意识提高了。

6. 问：哪个医疗事故比较容易用法律解决？
   a. 医生故意给病人开很贵的药。
   b. 医生的手术失败。
   c. 医生故意不让病好了的病人出院。

六 补充阅读 Supplemental Reading

一 新闻标题

看下面这些句子的大意，并猜猜报导的可能内容

1. 哪怕到月球上打球，湖人也是最大夺冠热门

____

2. 亚洲闹禽流感，美国有疯牛病：人们到了谈肉色变的地步

____

3. 卡拉OK插播广告：广告到了无孔不入的地步

____

4. 以安全为由，监控雇员的邮件往来

____

5. 健康减肥风行，台湾民众一年喝掉740万吨茶

____

6. 克隆羊多利安乐死

____

7. 医疗纠纷频发：医生与患者究竟谁是弱势团体?

____

二 黑心"医托"

所谓“医托”指的是那些专门为一些医院或者医生介绍病人，并以此为生的人。要提醒大家的是，他们介绍的医院或者医生一点也不可靠，而且很可能是一些非法的医院。

“医托”们通常都是两个人一起活动，一男一女，有的甚至是老人抱着个小孩，就像是来医院看病的。为了能得到病人的信任，他们一般在大医院的门口活动，看到有合适的目标，他们就装着随便的样子和他聊天。先问问对方的病，然后再介绍自己家人的“看病经历”，彻底得到病人信任后，就向他推荐一家医院。

“医托”们骗人的时候，是有选择的。一般来说，他们的对象是以下三类人：一是从农村来看病的，因为他们对城里医院的情况了解很少，再加上求医心切，很容易被骗；二是年龄偏大的病人，容易被劝说，即使发现“医托”在骗他们，老人也不会跟他们打官司；三是得了怪病的人，这些人由于长期看病，心情难免会有些着急，所以禁不住“医托”们的劝说。

“医托”为小医院、私人诊所拉来病人，每月起码可以有几百元的工资，而且每介绍一个病人就会有十至三十元不等的奖金，一个月下来，收入上千元，多的达数千元。当然这些钱最终都会落在病人身上。

删节自《中国新闻社》

___1. 关于“医托”，下面说法不正确的是哪一个？
   a. 是为一些医院或者医生介绍病人的人。
   b. 他们介绍的医生往往不太可靠。
   c. “医托”以年轻人为主。

___2. 排序：“医托”怎么向病人推荐医院？
   a. 向病人介绍自己的看病经历
   b. 打扮成病人的样子在医院活动

c. 和病人聊天
d. 了解病人的病情和看病经历

___3. "医托"一般会选择哪些病人？
a. 年轻人
b. 住在城里的人
c. 长期看病的人

___4. 根据这篇文章，什么样的人不容易被"医托"欺骗？
a. 非常着急治好病的人
b. 得了重感冒的病人
c. 从农村来看病的人

三 拔牙泪史

日本的牙科诊所满街都是，刚到那儿的中国人常常觉得奇怪：中国人什么都吃，却难见几个牙科诊所;而日本人吃得那么少、那么淡，坏牙的怎么那么多？有人说，可能是日本的水不好；也有人说，这叫文明。

最近，我们的牙科也慢慢多了起来。我的一位朋友以前烟、酒、糖、茶、再加上不刷牙"五毒俱全"，但是牙根一直还很稳固，只是有点黑。于是为了追求文明，他也跑去洗牙。后来，他给我们形容洗牙的感觉时说："这么大，我就小时候找不着家的时候，哭过一次。那天洗牙的时候我真的哭了，疼啊！满嘴都是血，那个漂亮的护士怎么下得了手？"不过牙毕竟白了，看来疼还是值得的。

不料，半年后洁白的牙齿又黑了，而且连形状都和原来差很多。不仅如此，本来很稳固的牙根也松动起来了，遇到硬的食物也开始文明地喊起"牙疼"来了！

这次他去了一家大医院。早上五点就去排队挂号，结果还挂了一个50号。在椅子上先睡了一觉，醒了以后看到才到20号，于是随手把旁边的意见簿拿过来，看来看牙科的病人是最无聊的，本子上写满了各种意见。有人建议：医院应该在楼道里安装电视，播放美国大片，这样等号的人才不会那么无聊。还有人建议这里可以准备一些小吃，边看电视边吃东西。每条意见下面都有医生的回答，这条下面的回答是:你先把牙治好了，再谈吃的吧!

最后我的朋友被拔了五颗牙，新牙据说是什么烤瓷的，贵得惊人，但是不会再黑。所以我的朋友很满意，每次说话的时候都会故意张大嘴，露出和厕所马桶一个颜色的牙齿。

删节自《三连生活周刊》2002年5月

___1. “五毒俱全”指的是什么？
   a. 五种不好的坏习惯
   b. 五种吃的东西
   c. 五种有毒的东西

___2. 作者朋友拔牙的感觉是什么？
   a. 非常疼
   b. 护士很漂亮
   c. 很多人都哭

___3. 下面哪个不是牙科病人的意见？
   a. 在医院楼道里播电影
   b. 在医院楼道里准备吃的东西
   c. 在医院楼道里准备意见簿

___4. 作者觉得为什么那么多病人在意见簿上写自己的意见？
   a. 因为排队看病的时候太无聊
   b. 因为牙科病人有很多意见
   c. 因为牙科病人太多

___5. 你觉得作者对牙科和看牙的人抱着什么态度？
   a. 讽刺
   b. 尊敬
   c. 无所谓

四 无法回避的安乐死

西安九名癌症患者给媒体写信，要求安乐死。这九名病人并不是不爱自己的生命，而是实在无法忍受肉体与精神的折磨，才向社会呼吁，给他们一个选择死亡的自由。但是因为中国没有关于安乐死的法律，这些病人难免要继续忍受折磨。

荷兰老太太迪利娅是幸运的，在她的要求下，她得到了自己希望的安静的死亡。由于在荷兰安乐死是合法的，医生们可以根据严格的程序为她实行安乐死。她的儿女们围在身边，录音机里放着她最喜欢的音乐，她以体面的、人道的方式离开了世界。这让我们深刻体会到了，死亡方式对一个癌症患者来说，可能比靠药来延长生命更重要。但是，象迪利娅这样幸运的人恐怕只是少数，更多的人只能是无可奈何地接受治疗。他们虽然还活着，但是他们的生活没有什么乐趣，而是充满了痛苦。

每当看到这些人的生活时，我们就不得不思考这严肃的问题：人到底有没有死亡的权利？反对安乐死的人不外乎有两个理由，第一是认为生命是上帝给的，所以也只能由上帝收回，人不能自己决定死亡；第二种比较现实，他们担心一旦承认安乐死是合法的，就会出现难以控制的不好的后果，难免会出现表面自愿、实际被迫的安乐死的现象。

虽然在大多数国家，安乐死并不合法，但是安乐死的例子已经不少见了。1986年，陕西一位医生在患者子女的请求下，为他们得了癌症的母亲实行了安乐死。但是有人认为这位医生这么做不合法，甚至和他打官司，而法院认为这位医生没罪。那么，这是不是意味着在中国，安乐死已经有被接受的可能了呢？专家好象并不同意。看来关于安乐死的讨论还会继续下去。

删节自《北京青年报》2001年4月16日

___1. 西安的癌症患者为什么要求安乐死?
   a. 他们不愿意再忍受疾病的折磨
   b. 他们不满意中国的法律
   c. 他们认为自己的病不会被治好

___2. 作者为什么说"荷兰老太太迪利娅是幸运的"？
   a. 因为她可以选择体面地、安静地死亡
   b. 因为她接受了更好的治疗
   c. 因为她去世的时候她的儿女陪在身边

___3. 哪个不是人们反对安乐死的理由？
   a. 根据宗教信仰，人没有权利决定生死
   b. 医生不能杀死病人
   c. 很难判断一个人是否真的愿意安乐死

___4. 下面说法哪个是正确的？
a. 安乐死只在少数的几个国家是合法的
b. 安乐死的例子非常少见
c. 安乐死的问题不会再被大家讨论

五 恩科西与AIDS分手

恩科西生于1989年2月4日，由于母亲是艾滋病患者，所以恩科西一出生就带有艾滋病病毒。医生说他最多能活九个月。

由于家庭情况很糟，恩科西的父母只好在他两岁时将他送给了别人。当时医生说恩科西最多能再活六个星期。但是在养母的精心照顾和鼓励下，恩科西一直活到十二岁，是南非艾滋病患者活的时间最长的人。

在南非艾滋病已经到了很严重的地步，每九个人中就有一位艾滋病感染者。由于医学落后，教育程度比较低，人们对艾滋病患者十分歧视。艾滋病患者常常这也不能去，那也不能去，连最起码的自由都没有。由于政府没有好的预防艾滋病的政策，导致象恩科西这样的艾滋病患者根本得不到什么帮助。如果不是养母的照顾，后果恐怕很难想象。

1997年恩科西到了上学的年龄，几乎所有的学校都以他有艾滋病为由拒绝接受他。这件事让恩科西受到了很大的折磨，得艾滋病不是他的错，不管怎么样，他应该有受教育的权利。他和养母为此做了一系列的斗争，最后由于政府和新闻界的压力，恩科西才得到了受教育的权利，成为南非第一名在校的艾滋病患者。在南非，现在得艾滋病的儿童可以上学是恩科西斗争的结果。

恩科西还和养母一起建了一个专门收养得了艾滋病的妇女和儿童的机构，呼吁社会来帮助艾滋病患者，不要孤立他们。他的故事改变了南非人对艾滋病的错误看法，越来越多的人理解了艾滋病是如何传染的，理解了拥抱和照顾艾滋病患者并不会被感染的道理。2000年7月在南非德班举行的第十三届世界艾滋病大会上，恩科西走上讲台，面对官员与媒体记者，介绍了自己与艾滋病斗争的经历，呼吁全世界关注艾滋病患者，重视艾滋病的预防工作。他大声呼吁所有的人应该象自己养母这样不歧视艾滋病患者，让艾滋病患者享受丰富的生活，他也呼吁政府应该想办法预防艾滋病，向艾滋病孕妇提供药物，降低儿童患艾滋病的比率。

恩科西的故事感动了很多人，但是他最后还是不能避免死亡的命运，2001年的6月1号，十二岁的恩科西离开了这个世界。他的故事会一直提醒我们，这个世界上还有很多象他一样和死亡斗争的孩子需要我们的关心。

删节自《北京青年报》2001年6月8日

七 写作 Writing

叙述：最近关于医疗事故的问题引起了大家的注意，电视台的"焦点访谈"节目打算情不同的人来讨论一下这个问题。你作为一个患者，决定讲自己的经历：

1) 介绍你的医疗事故发生的原因、过程、结果和解决方法；
2) 从这个经历中你看到了什么问题；
3) 你觉得医生、病人和医院之间应该是什么样的关系。

八 解决问题 Problem-Solving Tasks

1. 你认识了一个刚到这儿的留学生，他最近总是牙疼，可是不知道该怎么看医生，请你帮帮他，告诉他在这里怎么看病。
2. 你的一个好朋友住院了，你要去看她，想一想你带什么礼物去看她，和她说些什么。
3. 你的医生有些让你不满意的地方，你打算怎么告诉他，让他改。

第十四課 怎麼做才公平？

練習 Exercise

一 重點生詞 Productive Words

A. 用中文寫出下面詞的意思

1. 無所謂 ____________________
2. 無可奈何 ____________________
3. 挑戰 ____________________
4. 可靠 ____________________
5. 失業 ____________________

B. 選擇合適的詞填空

1. 現在的年輕人，除了生活以外，每個月還會存一部分的錢作為未來生活的_____。
   a. 保障　　b. 保護　　c. 保險
2. 醫院關於看病人的規定非常_____，這樣才能保證醫院的秩序良好。
   a. 嚴格　　b. 嚴肅　　c. 嚴重
3. 最近經濟情況不好，很多在大公司工作的人都_____失業的危險。
   a. 針對　　b. 面臨　　c. 導致
4. 雖然投資股票有時候能有一些甜頭，但那不_____所有投資股票的人都能發財。
   a. 意味著　　b. 哪怕　　c. 說起來
5. 這位很有名的商人很有經濟頭腦，但是_____政治和歷史的了解就未免太少了。
   a. 由於　　b. 對於　　c. 不至於
6. 根據科學的研究，一個人的生活環境跟他以後的性格和愛好有_____的關係。

a. 必須　　b. 嚴格　　c. 深刻

7. _____我買了保險，要不然我根本付不起這次車禍的醫療費。

a. 假如　　b. 豈不是　　c. 幸虧

C. 選擇合適的單個動詞填空

任、惹、當、遭

我畢業以後一直在一家公司工作，由於工作很投入，成績也很好，後來就_____上了一個部門的經理。這也讓我更努力地工作。然而讓我沒有想到的是，我努力工作卻給自己_____了不少麻煩。大家覺得我這麼做，給他們很大的壓力，_____我怎麼做，他們都不肯和我交朋友。我的努力得到了老板的肯定，卻_____到了同事的批評。

二 猜詞能力 Word Power

猜猜下面這些詞的意思

1. 重 chóng to repeat
   - 重新 chóngxīn _____
   - 重寫 chóngxiě _____
   - 重做 chóngzuò _____
   - 重來 chónglái _____
   - 重覆 chóngfù _____

2. 頭 tóu head; top
   - 甜頭 tiántou _____
   - 苦頭 kǔtou _____
   - 口頭 kǒutou _____
   - 舌頭 shétou _____
   - 點頭 diǎntóu _____

3. 婚 hūn marriage
   - 離婚 líhūn _____
   - 結婚 jiéhūn _____
   - 求婚 qiúhūn _____

	訂婚	dìnghūn	______
	未婚	wèihūn	______
	再婚	zàihūn	______
	早婚	zǎohūn	______
	晚婚	wǎnhūn	______
4.	上	shàng	to get on, go up
	當上	dāngshàng	______
	愛上	àishàng	______
	看上	kànshàng	______
	考上	kǎoshàng	______
	趕上	gǎnshàng	______
	跟上	gēnshàng	______
5.	業	yè	industry; profession
	企業	qǐyè	______
	專業	zhuānyè	______
	學業	xuéyè	______
	事業	shìyè	______
	失業	shīyè	______
	就業	jiùyè	______
	創業	chuàngyè	______

三 成段表達 Coherent Passages

選擇合適的連接詞完成下面幾段話

1. 到頭來、說起來、於是、其實

　　隨著經濟的發展，社會保障制度已經無法適應新的情況，_____需要改革現有的保障制度。然而有不少快要退休的老人很反對改革，他們認為自己為單位辛苦幹了一輩子，_____單位卻不給他們養老。_____這種想法並不完全正確。_____，社會保障

2. 幸虧、無疑、反而、再加上

聽說中國的股市越來越發達，而且靠炒股發財的人也不少。這_____讓我心癢癢，也想賺一筆。於是我把自己存款的一半拿出來炒股，可是由於缺少經驗，_____政府對於股市的干預 'intervene'，我不但沒發財，_____賠了不少錢。後來我總是想，_____我沒有把全部的錢拿出來炒股，否則我現在恐怕連吃飯都成問題了。

四 書面和口語表達 Colloquial and Written Expressions

從下面選出最口語的(O)和最書面語的(W)句子

1. a. 從前的人覺得穩定的工作就意味著可靠的保障。
   b. 從前的人覺得有了好工作，生活就有保障了。
   c. 一份穩定的工作對從前的人來說，就意味著一個可靠的保障。
   O:____ W:____

2. a. 人們對改革開放的理解是由淺而深的。
   b. 人們對改革的理解從淺到深。
   c. 以前人們對改革的理解很淺，現在很深。
   O:____ W:____

3. a. 近二十年來，男女在社會中的關係和地位有了迅速的改變。
   b. 最近二十年，男女在社會裏的關係、地位很快地改變了。
   c. 最近二十年，男女在社會中的關係以及地位迅速改變。
   O:____ W:____

4. a. 因為出國要和女朋友分開，這會考驗他們的感情。
   b. 由於要去外國留學，他要和女朋友分開一段時間，這使他們的感情面臨很大的考驗。
   c. 因為出國要和女朋友分開，這讓他們的感情面臨很大的考驗。
   O:____ W:____

五 聽力 Listening

聽下列對話和敘述回答問題

Part 1 1. 問：老王怎麼樣？

a. 老王打算開始炒股。
b. 老王炒股的時候賺錢了。
c. 老王炒股的時候賠錢了。

Part 2 2. 問：這個女孩為什麼要選金融投資這個專業？

a. 比較適合女孩。
b. 對她來說有一些挑戰。
c. 畢業以後可以找到好工作。

Part 3 3. 問：男人為什麼要父母投資股票？

a. 培養父母的投資觀念，讓他們的生活有保障。
b. 父母賺錢不辛苦，可以隨便投資。
c. 他們的錢太多了。

Part 4 4. 問：以前有工作的好處是什麼？

a. 老了以後生活仍然有保障。
b. 有穩定的收入。
c. 不用和別人競爭。

5. 問：哪一個不是這段話中提到的失業者會面臨的考驗？

a. 面臨找工作的激烈競爭。
b. 他們沒有保險。
c. 生活費比以前高很多。

六 補充閱讀 Supplemental Reading

一 新聞標題

看下面這些句子的大意，並猜猜接下來報導的可能內容

1. 說起香港演員來，我還真不會欣賞

____

2. 日本大型超市由盛而衰

______

3. 人民幣升值壓力由外而內，三大「內因」不容忽視

______

4. 新加坡改革由經濟而政治，為什麼我們不能看齊？

______

5. 高價加上超豪華，難道是中國別墅的唯一方向？

______

6. 北京農民工也有工傷醫療保險了

______

7. 勞動保障局長透露：預備調高最低工資標準

______

二 白領女性願做全職媽媽

家庭幸福、事業成功是許多人的生活目標，但事業和家庭一旦出現矛盾，你會怎麼辦呢？幾年前，為了孩子放棄事業做全職媽媽的人一定會遭到大家的批評，而現在這種做法已經被越來越多的年輕母親所理解和接受，說起來，其中有不少是受過良好教育的都市白領。

研究所畢業的雪莉有了孩子以後還堅持工作，多虧母親來幫她照顧孩子，否則她和丈夫一定會累死了。為了減少母親的負擔，雪莉還請了一個保姆。然而不久就發現，三個人對照顧孩子的態度和方法都非常不一樣，所以她越來越覺得，從孩子的健康考慮，最好是由一個人負起教育孩子的全部責任，而這個人只能是自己。畢竟掙錢事小，孩子事大。

這樣的想法很有道理，不過這就意味著雪莉得放棄她現在的工作。但是雪莉是一個對工作很投入的人，這個選擇對她來說是一個很大的考驗。而且因為家庭並不是很富裕，一、兩年後她還要面臨重新找工作的壓力。好在當律師的丈夫很支持她，於是不久前，雪莉終於下決心，辭掉了工作，開始一心一意地做全職媽媽了。

與許多發達國家相比，我國女性，尤其是已婚女性的就業率一直很高，這也是男女平等的一個重要表現。但是現在年輕的媽媽們卻願

意做全職媽媽，這種選擇儘管有些無奈，但媽媽們卻認為這麼做是值得的。

不過，全職媽媽不必當一輩子，孩子三歲以後，媽媽完全可以重新工作，繼續實現自己的理想。但由於全職媽媽缺少與社會的交往，在人才競爭相當激烈的今天，很難回到原來的工作狀態。因此，在做母親之前，最好仔細考慮得失。

刪節自《北京晚報》2001年6月7日

___1. 關於全職媽媽，下面說法正確的是哪一個？
   a. 現在很多受過教育的女性也願意當全職媽媽
   b. 現在只有那些沒有受過教育的女性才會當全職媽媽
   c. 現在當全職媽媽會受到人們的批評

___2. 關於雪莉，下面哪個說法是正確的？
   a. 為了照顧丈夫，雪莉放棄了自己的工作
   b. 為了照顧孩子，雪莉放棄了自己的工作
   c. 雪莉的母親和丈夫都不能照顧孩子

___3. 跟發達國家比起來，中國女性有什麼特點？
   a. 中國的全職媽媽比較多
   b. 中國结婚的女性工作的比例比較高
   c. 中國女性的地位比男性高

___4. 全職媽媽再就業時會面臨什麼問題？
   a. 孩子没有人照顧
   b. 因為缺少與社會的接觸，而很難適應新的情況
   c. 收入會比較低

三 國法大於廠規

據報導，河南省一家生產鞋的企業有一條荒唐的規定：職工和企業簽了合同以後，五年以內不准生孩子，否則要被炒魷魚。一名女職工因為懷孕而被炒魷魚，她去法院告了那家企業，最後法院要求企業賠償那個女職工的損失。

這件事情引起了普遍的關注。人常說，家有家規，廠有廠規。這話没有錯，但是人們卻忽視了另外一條：國有國法。不管是家規還是

廠規，都不能違反國法。其實不少企業都有不太合法的規定。比如，有些企業以工作為理由，限制職工的自由，或者要求職工簽一些不公平的合同。不少職工都意識到了這些規定既不合理，也不合法，可是大都敢怒而不敢言。

1. 讀上面文章並寫出大意。

四 殘疾人如何能得到公平的待遇？

李慧麗和她的丈夫都是殘疾人，由於身體不便，他們基本上沒什麼勞動能力，只能靠政府提供的最低生活保障金來維持生活。他們的兒子孫洋是一個健康的孩子。儘管穿的、用的都比其他同學差，可他是個品學兼優的好學生。面對貧苦的生活，夫妻兩個人只能省吃儉用。由於長期營養不良，李慧麗得了胃癌。雖然知道自己的兒子在未來的人生路上會面臨許多困難和挫折，可是她卻幫不上忙。

李慧麗一家的不幸引起了好心人的關心。孫洋的學校決定免去孫洋的全部學費，醫院也為李慧麗提供了免費治療。最後李慧麗還是離開了她的兒子。雖然學校和好心人的幫助解決了一些孫洋的問題，可是他今後的路還很長，誰能保證他可以像正常人家的孩子一樣繼續讀書，不必為一日三餐擔心呢？

其實像孫洋這樣的孩子還很多，由於各種各樣的原因，他們無法享受同齡孩子的快樂，光靠好心人的幫助解決不了根本的問題，那怎麼樣才能讓這些不幸的孩子享受到和其他孩子一樣的待遇呢？

刪節自《解放週末》2002年8月16日

___1. 關於李慧麗一家，哪個說法是正確的？
   a. 他們都是殘疾人
   b. 丈夫和妻子是殘疾人，但是孩子是正常人
   c. 只有李慧麗是殘疾人

___2. 哪一個不是社會為李慧麗一家提供的幫助？
   a. 醫院為李慧麗免費治療
   b. 學校不收兒子孫洋的學費
   c. 鄰居負責孫洋的一日三餐

___3. 下面哪一個是作者的觀點？
   a. 好心人的幫助可以解決這些殘疾人的問題

b. 好心人的幫助不可以解決所有的問題
c. 應該有更多的人來幫助他們

五 讓老年人生活更愉快

國際上通常把六十歲以上老年人佔人口總數超過百分之十的國家稱為老年型國家。據統計，我國六十歲以上老年人口在2000年達到1.3億，佔人口比例百分之十以上，使中國成為一個老年型國家。這一事實將使中國的政治、經濟和社會保障面臨考驗。

政府在各地有專門負責老年人工作的部門，解決老人們衣、食、住、行等基本問題。另外，針對老人身體較弱、容易生病的情況，很多醫院都為老年人看病提供了方便，例如看病不用排隊，住院不用交押金，而且可以享受特殊照顧，使那些沒有兒女的老人生活也能有保障。

除此以外，為了豐富老年人的生活，各地都出現了老年大學。這些學校的課程以衛生保健、書法、繪畫為主，讓老年人在生活、學習的同時得到很多樂趣。然而不能否認，由於人口眾多，經濟水平有限，一些收入較低、沒有兒女的老人還面臨著很多生活上的困難，這需要所有人的共同努力才可以完全解決。

___1. 什麼樣的國家被稱為老年型國家？
a. 60歲以上的老人很多的國家。
b. 60歲以上的老人有1.3億的國家。
c. 60歲以上的老人佔人口的1/10的國家。

___2. 這篇文章的目的是為了說明什麼？
a. 中國是老年型国家。
b. 中國政府為老年人的生活提供了各種保障。
c. 中國老年人的生活很困難。

七 寫作 Writing

你是一家報社的記者，你覺得現在的年輕人都忙著自己的工作而忽視了老人。請你呼籲大家多給老年人一些關心：

1) 以一個你認識或者熟悉的老人為例，介紹老年人的生活；
2) 說明人們為老人做了哪些工作，老人還需要什麼，為什麼；

3) 你的建議是什麼。

八 解決問題 Problem-Solving Tasks

1. 如果你是一個保險推銷員，試一試向你的同學推銷一種保險，並且介紹這種保險的特點、購買方法以及給他帶來的好處。

2. 角色扮演。
   甲：大學剛剛畢業的大學生，向朋友抱怨自己碰到的不公平的事情。
   乙：安慰她，並告訴她自己也有同樣的遭遇。

练习 Exercise

一 重点生词 Productive Words

A. 用中文写出下面词的意思

1. 无所谓 ____________________
2. 无可奈何 ____________________
3. 挑战 ____________________
4. 可靠 ____________________
5. 失业 ____________________

B. 选择合适的词填空

1. 现在的年轻人，除了生活以外，每个月还会存一部分的钱作为未来生活的_____。
   a. 保障　　b. 保护　　c. 保险
2. 医院关于看病人的规定非常_____，这样才能保证医院的秩序良好。
   a. 严格　　b. 严肃　　c. 严重
3. 最近经济情况不好，很多在大公司工作的人都_____失业的危险。
   a. 针对　　b. 面临　　c. 导致
4. 虽然投资股票有时候能有一些甜头，但那并不_____所有投资股票的人都能发财。
   a. 意味着　　b. 哪怕　　c. 说起来
5. 这位很有名的商人很有经济头脑，但是_____政治和历史的了解就未免太少了。
   a. 由于　　b. 对于　　c. 不至于
6. 根据科学的研究，一个人的生活环境跟他以后的性格和爱好有_____的关系。
   a. 必须　　b. 严格　　c. 深刻
7. _____我买了保险，要不然我根本付不起这次车祸的医疗费。
   a. 假如　　b. 岂不是　　c. 幸亏

C. 选择合适的单个动词填空

任、惹、当、遭

我毕业以后一直在一家公司工作，由于工作很投入，成绩也很好，后来就_____上了一个部门的经理。这也让我更努力的工作。然而让我没有想到的是，我努力工作却给自己_____了不少麻烦。大家觉得我这么做，给他们很大的压力，_____我怎么做，他们都不肯和我交朋友。我的努力得到了老板的肯定，却_____到了同事的批评。

二 猜词能力 Word Power

猜猜下面这些词的意思

1. 重 chóng to repeat
   - 重新 chóngxīn __________
   - 重写 chóngxiě __________
   - 重做 chóngzuò __________
   - 重来 chónglái __________
   - 重复 chóngfù __________

2. 头 tóu head; top
   - 甜头 tiántou __________
   - 苦头 kǔtou __________
   - 口头 kǒutou __________
   - 舌头 shétou __________
   - 点头 diǎntóu __________

3. 婚 hūn marriage
   - 离婚 líhūn __________
   - 结婚 jiéhūn __________
   - 求婚 qiúhūn __________
   - 订婚 dìnghūn __________
   - 未婚 wèihūn __________
   - 再婚 zàihūn __________
   - 早婚 zǎohūn __________

	晚婚	wǎnhūn	______
4.	上	shàng	to get on, go up
	当上	dāngshàng	______
	爱上	àishàng	______
	看上	kànshàng	______
	考上	kǎoshàng	______
	赶上	gǎnshàng	______
	跟上	gēnshàng	______
5.	业	yè	industry; profession
	企业	qǐyè	______
	专业	zhuānyè	______
	学业	xuéyè	______
	事业	shìyè	______
	失业	shīyè	______
	就业	jiùyè	______
	创业	chuàngyè	______

三 成段表达 Coherent Passages

选择合适的连接词完成下面几段话

1. 到头来、说起来、于是、其实

   随着经济的发展，社会保障制度已经无法适应新的情况，______需要改革现有的保障制度。然而有不少快要退休的老人很反对改革，他们认为自己为单位辛苦干了一辈子，______单位却不给他们养老。______这种想法并不完全正确。______，社会保障制度并不是不管他们，而是把原来由单位負的责任转给社会，老人还是可以从社会得到基本的生活保障的。

2. 幸亏、无疑、反而、再加上

   听说中国的股市越来越发达，而且靠炒股发财的人也不少。这______让我心痒痒，也想赚一笔。于是我把自己存款的一半拿出来炒股，可是由于缺少经验，______政府对于股市的干预 ‘intervene’，我不但没发财，______赔了不少钱。后来我总是想，

_____我没有把全部的钱拿出来炒股，否则我现在恐怕连吃饭都成问题了。

四 书面和口语表达 Colloquial and Written Expressions

从下面选出最口语的(O)和最书面语的(W)句子

1. a. 从前的人觉得稳定的工作就意味着可靠的保障。
   b. 从前的人觉得有了好工作，生活就有保障了。
   c. 一份稳定的工作对从前的人来说，就意味着一个可靠的保障。
   O:____ W:____

2. a. 人们对改革开放的理解是由浅而深的。
   b. 人们对改革的理解从浅到深。
   c. 以前人们对改革的理解很浅，现在很深。
   O:____ W:____

3. a. 近二十年来，男女在社会中的关系和地位有了迅速的改变。
   b. 最近二十年，男女在社会里的关系、地位很快地改变了。
   c. 最近二十年，男女在社会中的关系以及地位迅速改变。
   O:____ W:____

4. a. 因为出国要和女朋友分开，这会考验他们的感情。
   b. 由于要去外国留学，他要和女朋友分开一段时间，这使他们的感情面临很大的考验。
   c. 因为出国要和女朋友分开，这让他们的感情面临很大的考验。
   O:____ W:____

五 听力 Listening

听下列对话和叙述回答问题

Part 1 1. 问：老王怎么样？

a. 老王打算开始炒股。

b. 老王炒股的时候赚钱了。
c. 老王炒股的时候赔钱了。

Part 2 2. 问：这个女孩为什么要选金融投资这个专业？
a. 比较适合女孩。
b. 对她来说有一些挑战。
c. 毕业以后可以找到好工作。

Part 3 3. 问：男人为什么要父母投资股票？
a. 培养父母的投资观念，让他们的生活有保障。
b. 父母赚钱不辛苦，可以随便投资。
c. 他们的钱太多了。

Part 4 4. 问：以前，有工作的好处是什么？
a. 老了以后生活仍然有保障。
b. 有稳定的收入。
c. 不用和别人竞争。

5. 问：哪一个不是这段话中提到的失业者会面临的考验？
a. 面临找工作的激烈竞争。
b. 他们没有保险。
c. 生活费比以前高很多。

六 补充阅读 Supplemental Reading

一 新闻标题

看下面这些句子的大意，并猜猜接下来报导的可能内容

1. 说起香港演员来，我还真不会欣赏

____

2. 日本大型超市由盛而衰

____

3. 人民币升值压力由外而内，三大“内因”不容忽视

____

4. 新加坡改革由经济而政治，为什麽我们不能看齐?

____

5. 高价加上超豪华，难道是中国别墅的唯一方向?

____

6. 北京农民工也有工伤医疗保险了

____

7. 劳动保障局长透露：预备调高最低工资标准

____

二 白领女性愿做全职妈妈

家庭幸福、事业成功是许多人的生活目标，但事业和家庭一旦出现矛盾，你会怎么办呢？几年前，为了孩子放弃事业做全职妈妈的人一定会遭到大家的批评，而现在这种做法已经被越来越多的年轻母亲所理解和接受，说起来，其中有不少是受过良好教育的都市白领。

研究所毕业的雪莉有了孩子以后还坚持工作，多亏母亲来帮她照顾孩子，否则她和丈夫一定会累死了。为了减少母亲的负担，雪莉还请了一个保姆。然而不久就发现，三个人对照顾孩子的态度和方法都非常不一样，所以她越来越觉得，从孩子的健康考虑，最好是由一个人负起教育孩子的全部责任，而这个人只能是自己。毕竟挣钱事小，孩子事大。

这样的想法很有道理，不过这就意味着雪莉得放弃她现在的工作。但是雪莉是一个对工作很投入的人，这个选择对她来说是一个很大的考验。而且因为家庭并不是很富裕，一、两年后她还要面临重新找工作的压力。好在当律师的丈夫很支持她，于是不久前，雪莉终于下决心，辞掉了工作，开始一心一意地做全职妈妈了。

与许多发达国家相比，我国女性，尤其是已婚女性的就业率一直很高，这也是男女平等的一个重要表现。但是现在年轻的妈妈们却愿意做全职妈妈，这种选择尽管有些无奈，但妈妈们却认为这么做是值得的。

不过，全职妈妈不必当一辈子，孩子三岁以后，妈妈完全可以重新工作，继续实现自己的理想。但由于全职妈妈缺少与社会的交往，在人才竞争相当激烈的今天，很难回到原来的工作状态。因此，在做母亲之前，最好仔细考虑得失。

删节自《北京晚报》2001年6月7日

___1. 关于全职妈妈，下面说法正确的是哪一个？
 a. 现在很多受过教育的女性也愿意当全职妈妈
 b. 现在只有那些没有受过教育的女性才会当全职妈妈
 c. 现在当全职妈妈会受到人们的批评

___2. 关于雪莉，下面哪个说法是正确的？
 a. 为了照顾丈夫，雪莉放弃了自己的工作
 b. 为了照顾孩子，雪莉放弃了自己的工作
 c. 雪莉的母亲和丈夫都不能照顾孩子

___3. 跟发达国家比起来，中国女性有什么特点？
 a. 中国的全职妈妈比较多
 b. 中国结婚的女性工作的比例比较高
 c. 中国女性的地位比男性高

___4. 全职妈妈再就业时会面临什么问题？
 a. 孩子没有人照顾
 b. 因为缺少与社会的接触，而很难适应新的情况
 c. 收入会比较低

三 国法大于厂规

据报道，后南省一家生产鞋的企业有一条荒唐的规定：职工和企业签了合同以后，五年以内不准生孩子，否则要被炒鱿鱼。一名女职工因为怀孕而被炒鱿鱼，她去法院告了那家企业，最后法院要求企业赔偿那个女职工的损失。

这件事情引起了普遍的关注。人常说，家有家规，厂有厂规。这话没有错，但是人们却忽视了另外一条：国有国法。不管是家规还是厂规，都不能违反国法。其实不少企业都有不太合法的规定。比如，有些企业以工作为理由，限制职工的自由，或者要求职工签一些不公平的合同。不少职工都意识到了这些规定既不合理，也不合法，可是大都敢怒而不敢言。

职工为企业工作，应该接受企业的管理，但同时他们也是独立的人，也应该享受公平的待遇。企业没有权利为了自己的利益而制定一

些不合理的规定。

1. 读上面文章並写出大意。

四 残疾人如何能得到公平的待遇?

李慧丽和她的丈夫都是残疾人，由于身体不便，他们基本上没什么劳动能力，只能靠政府提供的最低生活保障金来维持生活。他们的儿子孙洋是一个健康的孩子。尽管穿的用的都比其他同学差，可他是个品学兼优的好学生。面对贫苦的生活，夫妻两个人只能省吃俭用。由于长期营养不良，李慧丽得了胃癌。虽然知道自己的儿子在未来的人生路上会面临许多困难和挫折，可是她却帮不上忙。

李慧丽一家的不幸引起了好心人的关心。孙洋的学校决定免去孙洋的全部学费，医院也为李慧丽提供了免费治疗。最后李慧丽还是离开了她的儿子。虽然学校和好心人的帮助解决了一些孙洋的问题，可是他今后的路还很长，谁能保证他可以象正常人家的孩子一样继续读书，不必为一日三餐担心呢？

其实象孙洋这样的孩子还很多，由于各种各样的原因，他们无法享受同龄孩子的快乐，光靠好心人的帮助解决不了根本的问题，那怎么样才能让这些不幸的孩子享受到和其他孩子一样的待遇呢？

删节自《解放周末》2002年8月16日

___1. 关于李慧丽一家，哪个说法是正确的？
   a. 他们都是残疾人
   b. 丈夫和妻子是残疾人，但是孩子是正常人
   c. 只有李慧丽是残疾人

___2. 哪一个不是社会为李慧丽一家提供的帮助？
   a. 医院为李慧丽免费治疗
   b. 学校不收儿子孙洋的学费
   c. 邻居负责孙洋的一日三餐

___3. 下面哪一个是作者的观点？
   a. 好心人的帮助可以解决这些残疾人的问题
   b. 好心人的帮助不可以解决所有的问题
   c. 应该有更多的人来帮助他们

五 让老年人生活更愉快

国际上通常把六十岁以上老年人占人口总数超过百分之十的国家称为老年型国家。据统计，我国六十岁以上老年人口在2000年达到1.3亿，占人口比例百分之十以上，使中国成为一个老年型国家。这一事实将使中国的政治、经济和社会保障面临考验。

政府在各地有专门负责老年人工作的部门，解决老人们衣、食、住、行等基本问题。另外，针对老人身体较弱、容易生病的情况，很多医院都为老年人看病提供了方便，例如看病不用排队，住院不用交押金，而且可以享受特殊照顾，使那些没有儿女的老人生活也能有保障。

除此以外，为了丰富老年人的生活，各地都出现了老年大学。这些学校的课程以卫生保健、书法、绘画为主，让老年人在生活、学习的同时得到很多乐趣。然而不能否认，由于人口众多，经济水平有限，一些收入较低、没有儿女的老人还面临着很多生活上的困难，这需要所有人的共同努力才可以完全解决。

___1. 什么样的国家被称为老年型国家？
- a. 60岁以上的老人很多的国家。
- b. 60岁以上的老人有1.3亿的国家。
- c. 60岁以上的老人占人口的1/10的国家。

___2. 这篇文章的目的是为了说明什么？
- a. 中国是老年型国家。
- b. 中国政府为老年人的生活提供了各种保障。
- c. 中国老年人的生活很困难。

七 写作 Writing

你是一家报社的记者，你觉得现在的年轻人都忙着自己的工作而忽视了老人。请你呼吁大家多给老年人一些关心：

1) 以一个你认识或者熟悉的老人为例，介绍老年人的生活；
2) 说明人们为老人做了哪些工作，老人还需要什么，为什么；
3) 你的建议是什么。

八 解决问题 Problem-Solving Tasks

1. 如果你是一个保险推销员，试一试向你的同学推销一种保险，并且介绍这种保险的特点、购买方法以及给他带来的好处。

2. 角色扮演。

   甲：大学刚刚毕业的大学生，向朋友抱怨自己碰到的不公平的事情。

   乙：安慰她，并告诉她自己也有同样的遭遇。

第十五課 這是誰的錯？

練習 Exercise

一 重點生詞 Productive Words

A. 用中文寫出下面詞的意思

1. 大驚小怪 ______________________
2. 犯罪 ______________________
3. 手軟 ______________________
4. 證據 ______________________
5. 曝光 ______________________

B. 選擇合適的詞填空

1. 那個騎自行車的人只是輕輕地撞了我一下，根本沒受傷，你們不用那麼______地要送我去醫院。
   a. 無可奈何　　b. 自認倒霉　　c. 大驚小怪
2. 坐公共汽車的時候應該______一點，因為總有一些小偷趁著人多偷錢。
   a. 仔細　　b. 警惕　　c. 競爭
3. 買盜版軟件雖然對消費者有利，但是卻______了軟件開發商的利益。
   a. 損害　　b. 破壞　　c. 危險
4. 雖然小明現在的工作和生活條件不是很好，但是他對自己以後的生活一直都______非常樂觀的態度。
   a. 主張　　a. 遵守　　a. 抱著
5. 這些籃球運動員每天都要訓練很長時間，所以比賽的時候他們______得非常好。
   a. 考慮　　b. 收穫　　c. 配合
6. 他用假學生證去買打折的機票，結果被______，而且受到了懲罰。

a. 識破　　b. 考驗　　c. 利用

7. 因為沒有找到足夠的_____，所以這個賣假畢業證的人不能被判刑。

a. 證明　　b. 證據　　c. 證件

8. 有時候，小孩子的問題雖然很可笑，但是大人也不應該_____他們，而要認真解釋。

a. 敷衍　　b. 諷刺　　c. 威脅

C. 選擇合適的單個動詞填空

裝、遞、貼、拖、靠、判、糟

有一個農民因為和鄰居發生了糾紛而把鄰居殺死。可是他的弟弟為了讓他的哥哥不受懲罰，就請一個醫生來證明他的哥哥是精神病。為了配合弟弟，這個殺了人的農民就開始_____病，他每天不吃不喝，把報紙_____在臉上、身上，不要別人_____給他的任何東西。因為有醫院的證明，所以法院一直沒_____他的刑。這個案子法院_____了大概兩年，還沒有一個結果。被害人覺得法律似乎沒有什麼作用，只有_____記者才能解決問題。

二 猜詞能力 Word Power

猜猜下面這些詞的意思

1.	害	hài	to harm
	損害	sǔnhài	________
	傷害	shānghài	________
	危害	wéihài	________
	受害	shòuhài	________
	被害	bèihài	________
	公害	gōnghài	________
2.	普	pǔ	universal; general
	普遍	pǔbiàn	________
	普通	pǔtōng	________
	普及	pǔjí	________

3. 法　fǎ
違法　wéifǎ　______
犯法　fànfǎ　______
守法　shǒufǎ　______
合法　héfǎ　______
非法　fēifǎ　______

4. 時　shí　season; time; hour; current
及時　jíshí　______
按時　ànshí　______
超時　chāoshí　______
過時　guòshí　______
定時　dìngshí　______
準時　zhǔnshí　______
隨時　suíshí　______
當時　dāngshí　______

5. 料　liào　material
材料　cáiliào　______
資料　zīliào　______
飲料　yǐnliào　______
原料　yuánliào　______

6. 死　sǐ　to die; dead; extremely; fixed
死工資　sǐgōngzī　______
死腦子　sǐnǎozi　______
死規定　sǐguīdìng　______

三 成段表達 Coherent Passages

選擇合適的連接詞完成下面幾段話

1. 怪不得、前不久、以後、前幾天

______，我路過中關村的時候，隨便買了一張盜版軟件。回來______，發現質量相當不錯。仔細想想，能花這麼少的錢買到這麼好的軟件還是值得的，於是______，我又去了一趟中關村。

這次才發現這裏的軟件真豐富，要什麼有什麼，_____這吸引了那麼多顧客呢！

2. 不過、後來、毫無疑問、仍然、不再、直到

我開始喜歡在網上購物的時候，是因為覺得便宜；_____就像吸毒上癮一樣，不上網買東西，就覺得不舒服。_____經常購物的話，一定會買很多本來不一定需要的東西，但是我_____被網絡吸引著。_____有一次我在網上被騙，我才決定以後_____上網購物了。

四 書面和口語表達 Colloquial and Written Expressions

從下面選出最口語的(O)和最書面語的(W)句子

1. a. 因為缺少監督，廁所漏水的小事，竟然兩年沒有解決。
   b. 由於缺乏必要的監督，廁所漏水這樣的小事情，竟然拖了兩年之久而沒有解決。
   c. 因為沒什麼監督，廁所漏了兩年水，也沒人修。
   O:____ W:____

2. a. 記者似乎與包青天毫無關係，然而近幾年卻當起了包青天。
   b. 記者好像和包青天沒什麼關係，可是這幾年卻當起了包青天。
   c. 記者好像和包青天毫無關係，可是近幾年卻當起了包青天。
   O:____ W:____

3. a. 公司經理用二十萬的價格，把公司的秘密賣給了競爭對手。
   b. 公司經理把公司的秘密賣了二十萬給競爭的公司。
   c. 公司經理以二十萬的價格，把公司機密賣給了自己的競爭對手。
   O:____ W:____

4. a. 金錢和好奇心都會讓人犯罪。
   b. 金錢的誘惑以及好奇心，都是導致犯罪的原因。
   c. 金錢的誘惑和好奇心都會讓人犯罪。

O:____　W:____

5. a. 你不要對什麼事情都抱著悲觀的態度。
   b. 你不要什麼事情都往壞處想。
   c. 你想事情的時候不要那麼悲觀。
   O:____　W:____

五 聽力 Listening

聽下列對話和敘述回答問題

Part 1　1. 問：這兩個人的關係是什麼？
- a. 男女朋友。
- b. 同學。
- c. 賣東西和買東西的。

Part 2　2. 問：這兩個人在哪兒？
- a. 教室。
- b. 酒吧面。
- c. 酒吧外面。

3. 問：關於這個女人，哪句話是對的？
- a. 她已經超過二十一歲了。
- b. 她買了一個假的駕駛執照。
- c. 她的假駕駛執照被識破了。

Part 3　4. 問：商店做了什麼？
- a. 他們賣的桌子特別受歡迎。
- b. 他們不想賠這個女人錢。
- c. 他們給這個女人換了一張新桌子。

Part 4　5. 問：這段話說明了什麼現象？
- a. 現在去法院告狀的人越來越多。
- b. 人們通過媒體的幫助來解決問題。
- c. 報社不再報導新聞。

6. 問：這段話覺得媒體的角色是什麼？
   a. 媒體可以有監督的作用。
   b. 媒體可以代替法律來解決問題。
   c. 媒體應該幫助老百姓解決問題。

六 補充閱讀 Supplemental Reading

一 新聞標題

看下面這些句子的大意，並猜猜報導的可能內容

1. 世界vs.中國乒乓球比賽，中國沒給世界「面子」

___

2. 當前「侵犯知識產權犯罪」呈現七大特點

___

3. 未成年人犯罪近幾年明顯上升

___

4. 北京市曝光35家違法違規企業

___

5. 過馬路不走人行道、酒後駕車，20大陋習大曝光

___

6. 假站騙走25萬，專家提醒牢記正確網址

___

7. 大學生網絡販黃被判刑

___

二 「槍手」為何如此普遍？

請個「槍手」替自己考試或者寫畢業論文，在大學已經不是什麼讓人大驚小怪的秘密了。據媒體的報導，大學甚至已經出現了「槍手」族，他們互相分工，互相配合，服務範圍廣，利潤也相當大。根據難易的程度，風險的大小，代考一次或者代寫一篇論文的價格從四

千塊到八千塊不等，有的甚至超過一萬塊。

今年七月，河南平頂山市在一次考試中就發現了548個「槍手」。到底是什麼原因導致這樣的現象呢？

首先是巨大的市場。有買就有賣，這是市場經濟裏絕對的關係。在今天這個重學歷、重文憑的社會，總有一些人要弄個碩士、博士學位來追求更大的利益；一些政府的官員也需要學歷來為今後的發展做準備。不管怎麼樣，這些人都很忙，沒有時間好好地準備考試，但是他們有錢，於是就花錢來滿足自己的需要。

其次是利益遠遠超過了風險。「槍手」的現象並沒有引起所有人的警惕，所以在考試的時候不容易被識破。而代寫論文就更是天知地知、你知我知的事情了。

古時候也有人在科舉考試的時候請「槍手」，但是很少。因為一旦被識破，就會受到非常嚴格的懲罰，甚至是死罪。我當然不是提倡應該像過去一樣，用嚴厲的法律來解決問題，但是這個現象的確應該引起社會的警惕了，不然我們就無法保持健康的學術和社會風氣。

刪節選自《大洋網》

1. 「槍手」指的是________________________________。

___2. 哪一個不是槍手收費要考慮的因素？
   a. 專業
   b. 難度
   c. 風險

___3. 什麼樣的人會需要找槍手？
   a. 博士生
   b. 需要學歷的政府官員
   c. 大學生

___4. 下面說法正確的是哪一個？
   a. 槍手是最近才出現的一種現象
   b. 古時對槍手的懲罰非常嚴格
   c. 現在槍手很容易被發現。

三 老騙術怎麼又得逞了？

一天下午，王小姐到銀行存錢之後打算回家。在路上，一個騎摩托車的中年男人經過她身邊時，掉下一個包。緊接著，一個青年從後面走上來，提醒王小姐說：「小姐，你的東西掉了。」王小姐轉過身來，看見這個人手上拿著一個包，但是那個包不是自己的。所以她並沒有理這個陌生男子，打算繼續往前走。這個時候，那個青年一下子把手裏的包打開，露出了一大疊錢。那個人看著手的一疊錢好像很吃驚，也不知道該怎麼辦，就問王小姐，「這不是你的嗎？」王小姐搖搖頭。

兩個人站在那裏不知道該怎麼辦，突然剛才那個騎摩托車的中年男子騎著摩托車回來了，並且把車停在王小姐身邊，問她是否看到一個書包？王小姐還沒來得及說話，那個男青年就搶先回答說，看到一個穿黑上衣的人把書包撿走了，他還叫中年男子趕快騎車去追。那個丟了東西的中年男子似乎很著急，馬上就騎著摩托車走了。

中年人走了以後，男青年就回過頭來向王小姐建議他們兩個人把錢分了。王小姐開始的時候堅持說應該把錢還給失主，但是後來不知道為什麼竟然同意了。那個年輕人說站在路上分錢太不安全，不如王小姐到附近的銀行取一些錢給他，然後他可以把那一包錢都給王小姐，而且他還說自己少分一點也無所謂。王小姐在和他說話的過程中，竟糊里糊塗地又回到剛剛存錢的銀行，從自己的存摺中取出四千元人民幣，並將錢交給了這個陌生男子。而陌生男子也像剛才說的，把那個裝錢的包交給了王小姐，王小姐當時心中偷偷地高興，心想，這一大包錢至少也有一、二萬元，四千元能換回這一大包錢，值得！

到家以後，王小姐把手中的包打開來一看，裏面根本沒什麼錢，只是幾包方便麵罷了。事後王小姐自己也覺得這件事情很明顯的是一個騙局，只要仔細想一想，就會發現裏面的問題，可是自己當時為什麼會上當呢？其實，這都是因為人們有一些貪便宜的心理，那些騙子也是利用人們的這個弱點，才能得逞。看來要想不吃虧，就不要有貪便宜的心理。

刪節選自《中國新聞社》張曉芹文

1. 請把這個故事講給你的一個朋友聽，你覺得這個故事告訴我們什麼道理？

四 假副總半年後才被識破

現年31歲的陶奇，去年十月來到北京，在黑市上購買了一張「中國清華大學經濟學本科畢業證」和一張以陶奇為名的假身份證。緊接著他開始以新的身份在各個大公司求職，並且自我介紹說他正在清華大學學習工商管理。他的教育背景和工作經驗確實吸引了不少公司，陶奇利用自己能說的特點讓那些面試他的人對他的話深信不疑。最後一家公司以萬元的薪水請陶奇擔任他們公司的副總經理，他們根本不會想到這個騙子除了姓是真的以外，全是假的。

陶奇工作以後，由於知識面太窄，日常的表現與教育程度太不符合，引起了人們的懷疑。於是這家公司與清華大學聯繫，結果是根本沒有這個學生。這家公司馬上到法院告陶奇，而陶奇也承認了自己的違法行為，他將受到法律的懲罰。

騙子利用假證件騙人的事情常發生，但是這家單位竟然讓一個只有小學水平的人通過了嚴格的考試，成為公司的副總經理，這足以說明他們在工作中不夠仔細，甚至存在敷衍的態度。

判斷下面句子的對錯：

___1. 陶奇没上過大學，只是小學畢業。

___2. 陶奇非常會說話。

___3. 陶奇正在清華大學學習工商管理。

___4. 陶奇工作以後表現非常好，完全不像一個只有小學文化的人。

七 寫作 Writing

為了打擊恐怖分子的活動，美國政府決定對每台電腦進行監視。一些人覺得這樣的做法是為了保障安全，但是也有的人認為這樣的做法影響了個人的隱私。你的觀點是什麼？

1) 說明觀點；
2) 解釋原因；
3) 反對另一方的觀點。

八 解決問題 Problem-Solving Tasks

1. 請介紹一個你知道的或者報紙雜誌上報導過的案件，發生的原因、經過和結果，以及這個案件給人們帶來的思考。
2. 辯論：教育或懲罰是解決犯罪的根本方法

练习 Exercise

一 重点生词 Productive Words

A. 用中文写出下面词的意思

1. 大惊小怪 ______________________________
2. 犯罪 ______________________________
3. 手软 ______________________________
4. 证据 ______________________________
5. 曝光 ______________________________

B. 选择合适的词填空

1. 那个骑自行车的人只是轻轻地撞了我一下，根本没受伤，你们不用那么______地要送我去医院。
   a. 無可奈何　　b. 自认倒霉　　c. 大惊小怪
2. 坐公共汽车的时候应该______一点，因为总有一些小偷趁着人多偷钱。
   a. 仔细　　b. 警惕　　c. 竞争
3. 买盗版软件虽然对消费者有利，但是却______了软件开发商的利益。
   a. 损害　　b. 破坏　　c. 危险
4. 虽然小明现在的工作和生活条件不是很好，但是他对自己以后的生活一直都______非常乐观的态度。
   a. 主张　　b. 遵守　　c. 抱着
5. 这些篮球运动员每天都要训练很长时间，所以比赛的时候他们______得非常好。
   a. 考虑　　b. 收获　　c. 配合
6. 他用假学生证去买打折的机票，结果被______，而且受到了惩罚。
   a. 识破　　b. 考验　　c. 利用
7. 因为没有找到足够的______，所以这个卖假毕业证的人不能被判刑。
   a. 证明　　b. 证据　　c. 证件

8. 有时候，小孩子的问题虽然很可笑，但是大人也不应该______他们，而要认真解释。
   a. 敷衍　　b. 讽刺　　c. 威胁

C. 选择合适的单个动词填空

装、递、贴、拖、靠、判、糟

有一个农民因为和邻居发生了纠纷而把邻居杀死。可是他的弟弟为了让他的哥哥不受惩罚，就请一个医生来证明他的哥哥是精神病。为了配合弟弟，这个杀了人的农民就开始______病，他每天不吃不喝，把报纸______在脸上、身上，不要别人______给他的任何东西。因为有医院的证明，所以法院一直没______他的刑。这个案子法院______了大概两年，还没有一个结果。被害人觉得法律似乎没有什么作用，只有______记者才能解决问题。

二 猜词能力 Word Power

猜猜下面这些词的意思

1. 害　hài　to harm
   损害　sǔnhài　______
   伤害　shānghài　______
   危害　wéihài　______
   受害　shòuhài　______
   被害　bèihài　______
   公害　gōnghài　______

2. 普　pǔ　universal; general
   普遍　pǔbiàn　______
   普通　pǔtōng　______
   普及　pǔjí　______

3. 法　fǎ
   违法　wéifǎ　______
   犯法　fànfǎ　______
   守法　shǒufǎ　______

	合法	héfǎ	______
	非法	fēifǎ	______
4.	时	shí	season; time; hour; current
	及时	jíshí	______
	按时	ànshí	______
	超时	chāoshí	______
	过时	guòshí	______
	定时	dìngshí	______
	准时	zhǔnshí	______
	随时	suíshí	______
	当时	dāngshí	______
5.	料	liào	material
	材料	cáiliào	______
	资料	zīliào	______
	饮料	yǐnliào	______
	原料	yuánliào	______
6.	死	sǐ	to die; dead; extremely; fixed
	死工资	sǐgōngzī	______
	死脑子	sǐnǎozi	______
	死规定	sǐguīdìng	______

三 成段表达 Coherent Passages

选择合适的连接词完成下面几段话

1. 怪不得、前不久、以后、前几天

   ______，我路过中关村的时候，随便买了一张盗版软件。回来______，发现质量相当不错。仔细想想，能花这么少的钱买到这么好的软件还是值得的，于是______，我又去了一趟中关村。这次才发现这里的软件真丰富，要什么有什么，______这里吸引了那么多顾客呢！

2. 不过、后来、毫无疑问、仍然、不再、直到我开始喜欢在网上购物的时候，是因为觉得便宜；_____就象吸毒上瘾一样，不上网买东西，就觉得不舒服。_____经常购物的话，一定会买很多本来不一定需要的东西，但是我_____被网络吸引着。_____有一次我在网上被骗，我才决定以后_____上网购物了。

四 书面和口语表达 Colloquial and Written Expressions

从下面选出最口语的(O)和最书面语的(W)句子

1. a. 因为缺少监督，厕所漏水的小事，竟然两年没有解决。
   b. 由于缺乏必要的监督，厕所漏水这样的小事情，竟然拖了两年之久而没有解决。
   c. 因为没什么监督，厕所漏了两年水，也没人修。
   O:____ W:____

2. a. 记者似乎与包青天毫无关系，然而近几年却当起了包青天。
   b. 记者好象和包青天没什么关系，可是这几年却当起了包青天。
   c. 记者好象和包青天毫无关系，可是近几年却当起了包青天。
   O:____ W:____

3. a. 公司经理用二十万的价格，把公司的秘密卖给了竞争对手。
   b. 公司经理把公司的秘密卖了二十万给竞争的公司。
   c. 公司经理以二十万的价格，把公司机密卖给了自己的竞争对手。
   O:____ W:____

4. a. 金钱和好奇心都会让人犯罪。
   b. 金钱的诱惑以及好奇心，都是导致犯罪的原因。
   c. 金钱的诱惑和好奇心都会让人犯罪。
   O:____ W:____

5. a. 你不要对什么事情都抱着悲观的态度。
   b. 你不要什么事情都往坏处想。

c. 你想事情的时候不要那么悲观。

O:____ W:____

五 听力 Listening

听下列对话和叙述回答问题

Part 1 1. 问：这两个人的关系是什么？

a. 男女朋友。
b. 同学。
c. 卖东西和买东西的。

Part 2 2. 问：这两个人在哪儿？

a. 教室。
b. 酒吧里面。
c. 酒吧外面。

3. 问：关于这个女人，哪句话是对的？

a. 她已经超过二十一岁了。
b. 她买了一个假的驾驶执照。
c. 她的假驾驶执照被识破了。

Part 3 4. 问：商店做了什么？

a. 他们卖的桌子特别受欢迎。
b. 他们不想赔这个女人钱。
c. 他们给这个女人换了一张新桌子。

Part 4 5. 问：这段话说明了什么现象？

a. 现在去法院告状的人越来越多。
b. 人们通过媒体的帮助来解决问题。
c. 报社不再报导新闻。

6. 问：这段话觉得媒体的角色是什么？

a. 媒体可以有监督的作用。
b. 媒体可以代替法律来解决问题。
c. 媒体应该帮助老百姓解决问题。

六 补充阅读 Supplemental Reading

一 新闻标题

看下面这些句子的大意，并猜猜报导的可能内容

1. 世界vs.中国乒乓球比赛，中国没给世界“面子”

____

2. 当前“侵犯知识产权犯罪”呈现七大特点

____

3. 未成年人犯罪近几年明显上升

____

4. 北京市曝光35家违法违规企业

____

5. 过马路不走人行道、酒後驾车，20大陋习大曝光

____

6. 假站骗走25万，专家提醒牢记正确网址

____

7. 大学生网络贩黄被判刑

____

二 “枪手”为何如此普遍？

请个“枪手”替自己考试或者写毕业论文，在大学里已经不是什么让人大惊小怪的秘密了。据媒体的报道，大学里甚至已经出现了“枪手”族，他们互相分工，互相配合，服务范围广，利润也相当大。根据难易的程度，风险的大小，代考一次或者代写一篇论文的价格从四千块到八千块不等，有的甚至超过一万块。

今年七月，河南平顶山市在一次考试中就发现了548个“枪手”。到底是什么原因导致这样的现象呢？

首先是巨大的市场。有买就有卖，这是市场经济里绝对的关系。在今天这个重学历、重文凭的社会里，总有一些人要弄个硕士、博士

学位来追求更大的利益；一些政府的官员也需要学历来为今后的发展做准备。不管怎么样，这些人都很忙，没有时间好好地准备考试，但是他们有钱，于是就花钱来满足自己的需要。

其次是利益远远超过了风险。"枪手"的现象并没有引起所有人的警惕，所以在考试的时候不容易被识破。而代写论文就更是天知地知、你知我知的事情了。

古时候也有人在科举考试的时候请"枪手"，但是很少。因为一旦被识破，就会受到非常严格的惩罚，甚至是死罪。我当然不是提倡应该象过去一样，用严厉的法律来解决问题，但是这个现象的确应该引起社会的警惕了，不然我们就无法保持健康的学术和社会风气。

删节选自《大洋网》

1. "枪手"指的是______________________________。

___2. 哪一个不是枪手收费要考虑的因素？
   a. 专业
   b. 难度
   c. 风险

___3. 什么样的人会需要找枪手？
   a. 博士生
   b. 需要学历的政府官员
   c. 大学生

___4. 下面说法正确的是哪一个？
   a. 枪手是最近才出现的一种现象
   b. 古时对枪手的惩罚非常严格
   c. 现在枪手很容易被发现。

三 老骗术怎么又得逞了？

一天下午，王小姐到银行存钱之后打算回家。在路上，一个骑摩托车的中年男人经过她身边时，掉下一个包。紧接着，一个青年从后面走上来，提醒王小姐说："小姐，你的东西掉了。"王小姐转过身来，看见这个人手上拿着一个包，但是那个包不是自己的。所以她并没有理这个陌生男子，打算继续往前走。这个时候，那个青年一下子把手里的包打开，露出了一大叠钱。那个人看着手里的一叠钱好象很吃惊，也不知道该怎么办，就问王小姐，“这不是你的吗？”王小姐摇摇头。

两个人站在那里不知道该怎么办，突然刚才那个骑摩托车的中年男子骑着摩托车回来了，并且把车停在王小姐身边，问她是否看到一个书包？王小姐还没来得及说话，那个男青年就抢先回答说，看到一个穿黑上衣的人把书包捡走了，他还叫中年男子赶快骑车去追。那个丢了东西的中年男子似乎很着急，马上就骑着摩托车走了。

中年人走了以后，男青年就回过头来向王小姐建议他们两个人把钱分了。王小姐开始的时候坚持说应该把钱还给失主，但是后来不知道为什么竟然同意了。那个年轻人说站在路上分钱太不安全，不如王小姐到附近的银行取一些钱给他，然后他可以把那一包钱都给王小姐，而且他还说自己少分一点也无所谓。王小姐在和他说话的过程中，竟糊里糊涂地又回到刚刚存钱的银行，从自己的存折中取出四千元人民币，并将钱交给了这个陌生男子。而陌生男子也象刚才说的，把那个装钱的包交给了王小姐，王小姐当时心中偷偷地高兴，心想，这一大包钱至少也有一、二万元，四千元能换回这一大包钱，值得！

到家以后，王小姐把手中的包打开来一看，里面根本没什么钱，只是几包方便面罢了。事后王小姐自己也觉得这件事情很明显的是一个骗局，只要仔细想一想，就会发现里面的问题，可是自己当时为什么会上当呢？其实，这都是因为人们有一些贪便宜的心理，那些骗子也是利用人们的这个弱点，才能得逞。看来要想不吃亏，就不要有贪便宜的心理。

删节选自《中国新闻社》张晓芹文

1. 请把这个故事讲给你的一个朋友听，你觉得这个故事告诉我们什么道理？

四 假副总半年后才被识破

现年31岁的陶奇，去年十月来到北京，在黑市上购买了一张“中国清华大学经济学本科毕业证”和一张以陶奇为名的假身份证。紧接着他开始以新的身份在各个大公司求职，并且自我介绍说他正在清华大学学习工商管理。他的教育背景和工作经验确实吸引了不少公司，陶奇利用自己能说的特点让那些面试他的人对他的话深信不疑。最后一家公司以万元的薪水请陶奇担任他们公司的副总经理，他们根本不会想到这个骗子除了姓是真的以外，全是假的。

陶奇工作以后，由于知识面太窄，日常的表现与教育程度太不符合，引起了人们的怀疑。于是这家公司与清华大学联系，结果是根本没有这个学生。这家公司马上到法院告陶奇，而陶奇也承认了自己的违法行为，他将受到法律的惩罚。

骗子利用假证件骗人的事情常发生，但是这家单位竟然让一个只有小学水平的人通过了严格的考试，成为公司的副总经理，这足以说明他们在工作中不够仔细，甚至存在敷衍的态度。

判断下面句子的对错：

___1. 陶奇没上过大学，只是小学毕业。

___2. 陶奇非常会说话。

___3. 陶奇正在清华大学学习工商管理。

___4. 陶奇工作以后表现非常好，完全不象一个只有小学文化的人。

七 写作 Writing

为了打击恐怖分子的活动，美国政府决定对每台电脑进行监视。一些人觉得这样的做法是为了保障安全，但是也有的人认为这样的做法影响了个人的隐私。你的观点是什么？

1) 说明观点；
2) 解释原因；
3) 反对另一方的观点。

八 解决问题 Problem-Solving Tasks

1. 你住的地方最近经常有丢东西的现象，请你分析一下谁比较有可能偷东西。

2. 辩论：教育或惩罚是解决犯罪的根本方法

第十六課 我們會留下什麼？

練習 Exercise

一 重點生詞 Productive Words

A. 用中文寫出下面詞的意思

1. 水災 ________________
2. 捐款 ________________
3. 回收 ________________
4. 募捐 ________________
5. 垃圾 ________________

B. 選擇合適的詞填空

1. 我希望______去看看那些被癌症折磨的病人。
   a. 親自　　b. 代表　　c. 決心
2. 為了______火災，樹多的地方應該禁止吸煙。
   a. 預防　　b. 警惕　　c. 改善
3. 歷史學家都認為，在發展現代化的城市時，也要注意______古老的建築。
   a. 保護　　b. 完整　　c. 代替
4. 由於汽車的數量迅速增加，給環境帶來了______的污染。
   a. 嚴肅　　b. 嚴重　　c. 嚴格
5. 這個建築已經有二百多年的歷史了，所以______很破舊。
   a. 可見　　b. 顯得　　c. 顯然
6. 廣州是中國經濟相對發達的城市，因此那裏免不了會______商業的味道。
   a. 保存　　b. 提倡　　c. 充滿
7. 去中國旅行一直是我的願望，這個夏天這個願望終於______了。

a. 實現　　b. 現實　　c. 實際

8. 消費者越來越多地利用法律來保護自己的利益，因此商家的服務也有了很大的_____。

a. 肯定　　b. 措施　　c. 改善

C. 選擇合適的單個動詞填空

挨、倒、扔、拆、剩、下、給

我小時候最喜歡做的事情就是把玩具_____了，然後再根據記憶恢復原來的樣子。當然這是理想的情況，一般來說我總是會_____下一些東西用不上，所以那些玩具玩一次之後就沒用了。這時候我常常把他們_____進垃圾桶。因為這樣，我沒少_____父母的罵，可是我_____了很多次決心要改掉這個壞毛病都沒有成功。

二 猜詞能力 Word Power

猜猜下面這些詞的意思

1.	挨	āi	to suffer; endure
	挨打	āidǎ	_____
	挨罵	āimà	_____
	挨餓	āi'è	_____
2.	情	qíng	feelings; love; passion; situation
	同情	tóngqíng	_____
	心情	xīnqíng	_____
	愛情	àiqíng	_____
	友情	yǒuqíng	_____
	親情	qīnqíng	_____
3.	災	zāi	disaster
	水災	shuǐzāi	_____
	火災	huǒzāi	_____
	天災	tiānzāi	_____
4.	親	qīn	intimate; related

	親身	qīnshēn	______
	親口	qīnkǒu	______
	親手	qīnshǒu	______
	親自	qīnzì	______
5.	預	yù	to prepare; in advance
	預防	yùfáng	______
	預備	yùbèi	______
	預習	yùxí	______
	預定	yùdìng	______
	預約	yùyuē	______

三 成段表達 Coherent Passages

選擇合適的連接詞完成下面幾段話

1. 總有一天、由此可見、那時候、隨著

   最近幾年，______經濟的發展，環境問題漸漸地引起了人們的注意。南方幾乎年年都會發生水災，資源越來越少，溫室效應越來越嚴重。______環境保護不可忽視。如果我們現在還不注意保護環境的話，______我們會後悔，______我們再想保護環境就已經太晚了。

2. 要麼、說什麼、先不說

   張麗覺得生活中最有趣的事情要數花錢。______每個月其他的費用，光是買衣服就要幾千塊。可是買回家的衣服她過幾天就不喜歡了，______送人，______扔掉，總之不能留在衣櫃。張麗的媽媽覺得這樣下去可不行，______也要讓她改掉這個壞毛病。

四 書面和口語表達 Colloquial and Written Expressions

從下面選出最口語的(O)和最書面語的(W)句子

1. a. 就經濟價值而言，長城每年的旅遊收入對經濟的發展起了相當大的作用。
   b. 長城每年靠旅遊賺的錢，對經濟的發展有很大的幫助。
   c. 拿經濟價值來說，長城每年的旅遊收入，對經濟的發展起了很大的作用。

O:____ W:____

2. a. 第一次來北京學中文，這裏的文化就吸引了我。
   b. 第一次來北京學中文的時候，我就被這裏古老的文化氣息深深吸引了。
   c. 我第一次來北京學中文，就被這裏的文化氣息吸引了。

   O:____ W:____

3. a. 現在世界各國都提倡限制汽車，而且用天然氣代替汽油，減少污染。
   b. 現在世界各國都在提倡限制汽車的使用，並且以天然氣代替汽油，減少污染。
   c. 現在每個國家都限制汽車，而且用天然氣代替汽油，減少污染。

   O:____ W:____

4. a. 所以，雖然使用一次性產品是生活方式進步的表現，但是也可能給人們的生活帶來很多不好的影響。
   b. 所以，雖然使用一次性產品是進步，但是也可能有很多不好的影響。
   c. 由此可見，使用一次性產品固然是生活方式進步的表現，但是也可能給人們的生活帶來很多負面的影響。

   O:____ W:____

五 聽力 Listening

聽下列對話和敘述回答問題

Part 1 1. 問：女人覺得長城怎麼樣？

a. 爬長城的時候很不舒服。

b. 長城很乾淨，很偉大。

c. 長城的環境保護有問題。

Part 2 2. 問：北京和上海政府對私人汽車的態度是什麼？

a. 提倡。

b. 不提倡。
c. 無所謂。

3. 問：女人覺得私人汽車對城市有什麼影響？
a. 會讓交通更方便。
b. 會對環境不好。
c. 讓人口更多。

Part 3 4. 問：女人怎麼看一次性產品？
a. 又乾淨又方便。
b. 有點浪費資源。
a. 一次性產品很貴。

Part 4 5. 問：關於一次性產品，下面哪個說法是對的？
a. 一次性產品很方便。
b. 一次性產品可以保護環境。
c. 一次性產品都是塑料產品。

6. 問：你覺得說這句話的人對一次性產品的態度是什麼？
a. 反對使用一次性產品。
b. 支持使用一次性產品。
c. 承認一次性產品的優點，也指出缺點。

六 補充閱讀 Supplemental Reading

一 新聞標題

看下面這些句子的大意，並猜猜報導的可能內容

1. 即使進口車加30%關稅，相比國產車要低10%以上

______

2. 白金卡開始發放啦！與往年相比有三大創新

______

3. 德國大眾汽車公司以不加薪代替裁員

______

4. 德國總統呼籲以紙上情書代替手機短信

____

5. 台灣發現禽流感病毒，島內加強預防措施

____

6. 有錢的來沒錢的走，老四合院如今住哪些人？

____

7. 社區居民為殘疾女募捐

____

二 環保的主義

我發現凡是這樣的人——上帝保佑他們吃飽了飯，還給了他們一個不錯的工作，讓他們多喝了幾年墨水——都愛說自己是「環保主義者」。但是這些環保主義者也分很多派。

一個自稱是「環保主義者」的朋友帶我去吃燒烤鯽魚，現場殺、現場烤，據說味道棒極了。我們正吃得高興，另一個朋友打電話來說正在草原上打野兔，一槍一個，可好玩了。和我吃鯽魚的朋友聽到這，突然就不高興了，他開始為野兔的命運擔心。這人總是這樣，在他看來，眼前的、他想吃的動物就應該被殺，而那些遠在天邊的野生動物，如果遇到什麼危險，他就會特別難受。

還有一位網友，平時和我們一樣大塊吃肉，大口喝酒，他承認人類是一種雜食性動物。但是春天他會去山上種樹，週末到市區回收舊電池，放長假的時候去農村宣傳環保的基礎知識，做做義工什麼的。他常常說，「環保是以人為本的，是為了我們人類能在更美好的環境生活。」話說得挺實在的。

還有一些很小的派別，聽說過但是沒見過。比如《諾丁山》的那個女孩，只吃熟透了掉在地上的蔬果，那大概要算絕對環保主義者了。

刪節自《三連生活刊》2002年10月

___1. 作者覺得什麼樣的人喜歡說自己是「環保主義者」？
   a. 生活不錯的人
   b. 没受過教育的人
   c. 没有固定工作的人

___2. 作者對第一個「環保主義者」的朋友抱著什麼態度？
a. 諷刺
b. 喜歡
c. 接受

___3. 作者對第二個「環保主義者」的朋友抱著什麼態度？
a. 諷刺
b. 喜歡
c. 接受

三 向大樹道歉

在紐約曼哈頓區有一家快餐店，由於那交通擁擠，停車不方便，而那家店的生意又好，所以老板丹尼爾就讓人用自行車送外賣。為了防止自行車被偷，老板就讓送貨員把自行車鎖在門口的大樹上。沒想到這個做法惹惱了一位顧客。他給紐約市的公園管理局寫了一封信，曝光丹尼爾虐待樹木的行為。他說：「自行車鎖在樹上，就好像給一個無罪的人帶上了手銬。」

不久，丹尼爾就收到了一張公園管理局的罰款通知 丹尼爾因為「虐待樹木」，被罰一千美元。丹尼爾明白自己違反了國家保護樹木的法律，但是又心疼一千美元，就向管理局認錯、求情。管理局長聽了丹尼爾的請求，覺得他的態度很誠懇，為了教育丹尼爾，也為了提醒大家，就提出了一個辦法:如果想免去罰款，丹尼爾必須在某一天中午十二點向那棵大樹公開道歉，並且擁抱大樹。管理局還要通知各個媒體，讓他們來採訪，報導這條新聞。此外，丹尼爾以後還要負責這棵大樹的管理工作，如澆水、掃葉等等，丹尼爾都答應了。

一個星期後，「向大樹道歉的日子」到了。還沒到中午，這棵大樹已經被記者和圍觀的人包圍起來了。十二點整，丹尼爾穿著西裝，從店裏走出來，他先向大樹鞠了三個躬，然後走過去，把樹抱得緊緊的，並把臉貼在樹上。

圍觀的人中響起了掌聲。

刪節自《青年文摘》2002年8月

___1. 丹尼爾為什麼會收到公園的罰款通知？
a. 因為他把自行車鎖在樹上
b. 因為他用自行車送外賣

c. 因為他惹惱了一位顧客

___2. 下面說法正確的是哪一個？
a. 丹尼爾交了1000元的罰款
b. 丹尼爾向顧客道歉
c. 丹尼爾要向大樹道歉

___3. 下面哪一個不是公園管理局的要求？
a. 管理局要通知媒體來報導這條消息
b. 丹尼爾要負責照顧那棵樹
c. 丹尼爾要穿西裝向樹道歉

四 口香糖、舊電池、塑料袋

您可能會奇怪，我怎麼會把這三個毫無關係的東西放在一起。其實，它們也不是完全沒關係。

先說口香糖，這種東西大概百分之八、九十的年輕人都喜歡。包括那些美國NBA的籃球明星們，在激烈的比賽中，嘴裏都沒忘了嚼一塊口香糖。嚼口香糖總比抽煙強，但是嚼過的口香糖往哪兒吐，就應該有個規矩了。最近，經常能看到報紙曝光亂吐口香糖的壞現象。最嚴重的要數北京音樂廳，一場音樂會結束以後，地上、椅子上、牆上，到處都是口香糖。工作人員都要用手把這些東西摳下來。所以，我大概要給那些愛嚼口香糖的人提個建議，請愛護我們的環境，不要隨便亂吐口香糖。

談到舊電池，我曾經親眼看過這樣的一個報導。一位德國來華工作的女士存了一塑料袋舊電池，卻不敢把他們當成垃圾扔掉。這位女士說，舊電池中有一些東西對環境的污染特別嚴重。在德國，專門有回收舊電池的部門。由此可見，我們的環保意識還需要提高。

至於塑料袋，仍然和環境有關。我真不知道中國塑料袋的產量能否算世界第一？平時不管是買兩根黃瓜，還是半斤香菜，小販都會用塑料袋包起來，沒有塑料袋的小販生意都難做。先不說塑料袋也分有毒的和沒毒的兩種，光就塑料袋泛濫成災而言，誰能想像幾年後的後果？我希望不要等到自然懲罰我們時，再後悔自己現在不負責任的行為。

刪節自《北京日報》1997年10月28日

1. 你覺得作者為什麼要談這三個看起來沒有什麼關係的東西？

2. 人們在使用這三種東西的時候存在什麼類似的問題？

七 寫作 Writing

北京新任市長說他要在五年之內把北京發展成亞洲的紐約。很多人反對這個計劃，他們認為北京之所以吸引人是因為它有古老的文明，北京應該是一個文化城市而不是經濟中心。請你以一個外國人的身份給市長寫一封信：

1) 在你的印象中北京市一個什麼樣的城市；
2) 你對北京古老文化的了解；北京吸引你的地方（如果你去過北京）；
3) 舉一個例子說明把文化城市變成經濟城市的失敗；
4) 你希望看到一個什麼樣的北京。

八 解決問題 Problem-Solving Tasks

1. 某個地方發生了火災，你要為那裡的人募捐，你打算怎麼做，怎麼說？

2. 辯論：我們是否要保留古老的北京。

练习 Exercise

一 重点生词 Productive Words

A. 用中文写出下面词的意思

1. 水灾 ______________________________
2. 捐款 ______________________________
3. 回收 ______________________________
4. 募捐 ______________________________
5. 垃圾 ______________________________

B. 选择合适的词填空

1. 我希望_____去看看那些被癌症折磨的病人。
   a. 亲自 b. 代表 c. 决心
2. 为了_____火灾，树多的地方应该禁止吸烟。
   a. 预防 b. 警惕 c. 改善
3. 历史学家都认为，在发展现代化的城市时，也要注意_____古老的建筑。
   a. 保护 b. 完整 c. 代替
4. 由于汽车的数量迅速增加，给环境带来了_____的污染。
   a. 严肃 b. 严重 c. 严格
5. 这个建筑已经有二百多年的历史了，所以_____很破旧。
   a. 可见 b. 显得 c. 显然
6. 广州是中国经济相对发达的城市，因此那里免不了会_____商业的味道。
   a. 保存 b. 提倡 c. 充满
7. 去中国旅行一直是我的愿望，这个夏天这个愿望终于_____了。
   a. 实现 b. 现实 c. 实际
8. 消费者越来越多地利用法律来保护自己的利益，因此商家的服务也有了很大的_____。
   a. 肯定 b. 措施 c. 改善

C. 选择合适的单个动词填空

挨、倒、扔、拆、剩、下、给

我小时候最喜欢做的事情就是把玩具_____了，然后再根据记忆恢复原来的样子。当然这是理想的情况，一般来说我总是会_____下一些东西用不上，所以那些玩具玩一次之后就没用了。这时候我常常把他们_____进垃圾桶。因为这样，我没少_____父母的骂，可是我_____了很多次决心要改掉这个坏毛病都没有成功。

二 猜词能力 Word Power

猜猜下面这些词的意思

1. 挨　āi　to suffer; endure
   挨打　āidǎ　__________
   挨骂　āimà　__________
   挨饿　āi'è　__________

2. 情　qíng　feelings; love; passion; situation
   同情　tóngqíng　__________
   心情　xīnqíng　__________
   爱情　àiqíng　__________
   友情　yǒuqíng　__________
   亲情　qīnqíng　__________

3. 灾　zāi　disaster
   水灾　shuǐzāi　__________
   火灾　huǒzāi　__________
   天灾　tiānzāi　__________

4. 亲　qīn　intimate; related
   亲身　qīnshēn　__________
   亲口　qīnkǒu　__________
   亲手　qīnshǒu　__________
   亲自　qīnzì　__________

5. 预　yù　to prepare; in advance

预防 yùfáng ______________________

预备 yùbèi ______________________

预习 yùxí ______________________

预定 yùdìng ______________________

预约 yùyuē ______________________

三 成段表达 Coherent Passages

选择合适的连接词完成下面几段话

1. 总有一天、由此可见、那时候、随着

   最近几年，_____经济的发展，环境问题渐渐地引起了人们的注意。南方几乎年年都会发生水灾，资源越来越少，温室效应越来越严重。_____环境保护不可忽视。如果我们现在还不注意保护环境的话，_____我们会后悔，_____我们再想保护环境就已经太晚了。

2. 要么、说什么、先不说

   张丽觉得生活中最有趣的事情要数花钱。_____每个月其他的费用，光是买衣服就要几千块。可是买回家的衣服她过几天就不喜欢了，_____送人，_____扔掉，总之不能留在衣柜里。张丽的妈妈觉得这样下去可不行，_____也要让她改掉这个坏毛病。

四 书面和口语表达 Colloquial and Written Expressions

从下面选出最口语的(O)和最书面语的(W)句子

1. a. 就经济价值而言，长城每年的旅游收入对经济的发展起了相当大的作用。
   b. 长城每年靠旅游赚的钱，对经济的发展有很大的帮助。
   c. 拿经济价值来说，长城每年的旅游收入，对经济的发展起了很大的作用。

   O:____ W:____

2. a. 第一次来北京学中文，这里的文化就吸引了我。
   b. 第一次来北京学中文的时候，我就被这里古老的文化气息深深吸引了。

c. 我第一次来北京学中文，就被这里的文化气息吸引了。

O:____ W:____

3. a. 现在世界各国都提倡限制汽车，而且用天然气代替汽油，减少污染。

b. 现在世界各国都在提倡限制汽车的使用，并且以天然气代替汽油，减少污染。

c. 现在每个国家都限制汽车，而且用天然气代替汽油，减少污染。

O:____ W:____

4. a. 所以，虽然使用一次性产品是生活方式进步的表现，但是也可能给人们的生活带来很多不好的影响。

b. 所以，虽然使用一次性产品是进步，但是也可能有很多不好的影响。

c. 由此可见，使用一次性产品固然是生活方式进步的表现，但是也可能给人们的生活带来很多负面的影响。

O:____ W:____

五 听力 Listening

听下列对话和叙述回答问题

Part 1 1. 问：女人觉得长城怎么样？

a. 爬长城的时候很不舒服。
b. 长城很干净，很伟大。
c. 长城的环境保护有问题。

Part 2 2. 问：北京和上海政府对私人汽车的态度是什么？

a. 提倡。
b. 不提倡。
c. 无所谓。

3. 问：女人觉得私人汽车对城市有什么影响？

a. 会让交通更方便。
b. 会对环境不好。

c. 让人口更多。

Part 3 4. 问：女人怎么看一次性产品？

a. 又卫生又方便。
b. 有点浪费资源。
c. 一次性产品很贵。

Part 4 5. 问：关于一次性产品，下面哪个说法是对的？

a. 一次性产品很方便。
b. 一次性产品可以保护环境。
c. 一次性产品都是塑料产品。

6. 问：你觉得说这句话的人对一次性产品的态度是什么？

a. 反对使用一次性产品。
b. 支持使用一次性产品。
c. 承认一次性产品的优点，也指出缺点。

六 补充阅读 Supplemental Reading

一 新闻标题

看下面这些句子的大意，并猜猜报导的可能内容

1. 即使进口车加30%关税，相比国产车要低10%以上

____

2. 白金卡开始发放啦！与往年相比有三大创新

____

3. 德国大众汽车公司以不加薪代替裁员

____

4. 德国总统呼吁以纸上情书代替手机短信

____

5. 台湾发现禽流感病毒，岛内加强预防措施

____

6. 有钱的来没钱的走，老四合院如今住哪些人?

____

7. 社区居民为残疾女募捐

____

二 环保的主义

我发现凡是这样的人——上帝保佑他们吃饱了饭，还给了他们一个不错的工作，让他们多喝了几年墨水——都爱说自己是“环保主义者”。但是这些环保主义者也分很多派。

一个自称是“环保主义者”的朋友带我去吃烧烤鲫鱼，现场杀、现场烤，据说味道棒极了。我们正吃得高兴，另一个朋友打电话来说正在草原上打野兔，一枪一个，可好玩了。和我吃鲫鱼的朋友听到这，突然就不高兴了，他开始为野兔的命运担心。这人总是这样，在他看来，眼前的、他想吃的动物就应该被杀，而那些远在天边的野生动物，如果遇到什么危险，他就会特别难受。

还有一位网友，平时和我们一样大块吃肉，大口喝酒，他承认人类是一种杂食性动物。但是春天他会去山上种树，周末到市区回收旧电池，放长假的时候去农村宣传环保的基础知识，做做义工什么的。他常常说，“环保是以人为本的，是为了我们人类能在更美好的环境里生活。”话说得挺实在的。

还有一些很小的派别，听说过但是没见过。比如《诺丁山》里的那个女孩，只吃熟透了掉在地上的蔬果，那大概要算绝对环保主义者了。

删节自《三连生活周刊》2002年10月

___1. 作者觉得什么样的人喜欢说自己是“环保主义者”？
　a. 生活不错的人
　b. 没受过教育的人
　c. 没有固定工作的人

___2. 作者对第一个“环保主义者”的朋友抱着什么态度？
　a. 讽刺
　b. 喜欢
　c. 接受

___3. 作者对第二个“环保主义者”的朋友抱着什么态度？
   a. 讽刺
   b. 喜欢
   c. 接受

三 向大树道歉

在纽约曼哈顿区有一家快餐店，由于那里交通拥挤，停车不方便，而那家店的生意又好，所以老板丹尼尔就让人用自行车送外卖。为了防止自行车被偷，老板就让送货员把自行车锁在门口的大树上。没想到这个做法惹恼了一位顾客。他给纽约市的公园管理局写了一封信，曝光丹尼尔虐待树木的行为。他说：“自行车锁在树上，就好象给一个无罪的人带上了手铐。”

不久，丹尼尔就收到了一张公园管理局的罚款通知：丹尼尔因为“虐待树木”，被罚一千美元。丹尼尔明白自己违反了国家保护树木的法律，但是又心疼一千美元，就向管理局认错、求情。管理局长听了丹尼尔的请求，觉得他的态度很诚恳，为了教育丹尼尔，也为了提醒大家，就提出了一个办法:如果想免去罚款，丹尼尔必须在某一天中午十二点向那棵大树公开道歉，并且拥抱大树。管理局还要通知各个媒体，让他们来采访，报道这条新闻。此外，丹尼尔以后还要负责这棵大树的管理工作，如浇水、扫叶等等，丹尼尔都答应了。

一个星期后，“向大树道歉的日子”到了。还没到中午，这棵大树已经被记者和围观的人包围起来了。十二点整，丹尼尔穿着西装，从店里走出来，他先向大树鞠了三个躬，然后走过去，把树抱得紧紧的，并把脸贴在树上。

围观的人中响起了掌声。

删节自《青年文摘》2002年8月

___1. 丹尼尔为什么会收到公园的罚款通知？
   a. 因为他把自行车锁在树上
   b. 因为他用自行车送外卖
   c. 因为他惹恼了一位顾客

___2. 下面说法正确的是哪一个？
   a. 丹尼尔交了1000元的罚款
   b. 丹尼尔向顾客道歉

c. 丹尼尔要向大树道歉

___3. 下面哪一个不是公园管理局的要求？
a. 管理局要通知媒体来报道这条消息
b. 丹尼尔要负责照顾那棵树
c. 丹尼尔要穿西装向树道歉

四 口香糖、旧电池、塑料袋

您可能会奇怪，我怎么会把这三个毫无关系的东西放在一起。其实，它们也不是完全没关系。

先说口香糖，这种东西大概百分之八、九十的年轻人都喜欢。包括那些美国NBA的篮球明星们，在激烈的比赛中，嘴里都没忘了嚼一块口香糖。嚼口香糖总比抽烟强，但是嚼过的口香糖往哪儿吐，就应该有个规矩了。最近，经常能看到报纸曝光乱吐口香糖的坏现象。最严重的要数北京音乐厅，一场音乐会结束以后，地上、椅子上、墙上，到处都是口香糖。工作人员都要用手把这些东西抠下来。所以，我大概要给那些爱嚼口香糖的人提个建议，请爱护我们的环境，不要随便乱吐口香糖。

谈到旧电池，我曾经亲眼看过这样的一个报导。一位德国来华工作的女士存了一塑料袋旧电池，却不敢把他们当成垃圾扔掉。这位女士说，旧电池中有一些东西对环境的污染特别严重。在德国，专门有回收旧电池的部门。由此可见，我们的环保意识还需要提高。

至于塑料袋，仍然和环境有关。我真不知道中国塑料袋的产量能否算世界第一？平时不管是买两根黄瓜，还是半斤香菜，小贩都会用塑料袋包起来，没有塑料袋的小贩生意都难做。先不说塑料袋也分有毒的和没毒的两种，光就塑料袋泛滥成灾而言，谁能想象几年后的后果？我希望不要等到自然惩罚我们时，再后悔自己现在不负责任的行为。

删节自《北京日报》1997年10月28日

1. 你觉得作者为什么要谈这三个看起来没有什么关系的东西？
2. 人们在使用这三种东西的时候存在什么类似的问题？

七 写作 Writing

北京新任市长说他要在五年之内把北京发展成亚洲的纽约。很多人反对这个计划，他们认为北京之所以吸引人是因为他有古老的文明，北京应该是一个文化城市而不是经济中心。请你以一个外国人的身份给市长写一封信：

1) 在你的印象中北京市一个什么样的城市；
2) 你对北京古老文化的了解；北京吸引你的地方（如果你去过北京）；
3) 举一个例子说明把文化城市变成经济城市的失败；
4) 你希望看到一个什么样的北京。

八 解决问题 Problem-Solving Tasks

1. 某个地方发生了火灾，你要为那里的人募捐，你打算怎么做，怎么说？

2. 辩论：我们是否要保留古老的北京。

第十七課 我當上了老板？

練習 Exercise

一 重點生詞

A. 用中文寫出下面詞的意思

1. 下崗 ______________________
3. 破產 ______________________
4. 划得來 ______________________
5. 出路 ______________________
6. 淘汰 ______________________
7. 不可思議 ______________________

B. 選擇合適的詞填空

1. 老王很有自知之明，他知道憑自己的_____根本不可能完成那個工作，所以他沒有申請。

   a. 架子　　b. 本事　　c. 長處

2. 十個月了他還沒找到工作，這對他的_____未免太大了。

   a. 啟發　　b. 待遇　　c. 打擊

3. 由於中國的人口問題還沒有解決，所以政府還不會_____限制人口增長的政策。

   a. 後悔　　b. 疑問　　c. 取消

4. 想把公司經營得更好，你應該_____機會到國外考察。

   a. 爭取　　b. 宣布　　c. 辭掉

5. 中國加入世界貿易組織(WTO)以後，那些缺乏經營經驗的企業會面臨被_____的危險。

   a. 破產　　b. 落後　　c. 淘汰

6. 他在這個環境才能充分_____自己的能力。

   a. 刺激　　b. 發揮　　c. 模仿

7. ＿＿＿下崗會給職工的生活帶來一些麻煩，但是對於企業來說是減少負擔的一個好方法。
   a. 要不是　　b. 儘管　　c. 寧願
8. 雖然這個人不承認自己的犯罪行為，但是法院已經＿＿＿了足夠的證據證明他做了違法的事情。
   a. 考察　　b. 收穫　　c. 掌握

C. 選擇合適的單個動詞填空

當、成、憑、光、擺

老王在一家貿易公司＿＿＿經理。他覺得＿＿＿自己的文憑和工作經驗經營這麼一家小公司不＿＿＿問題，因為他在工作中抱著這樣的態度，難免有時會對職員＿＿＿經理的架子。時間長了，儘管大家承認他的能力，但是對他這個人卻有很多的意見，和他保持比較遠的距離。漸漸地一些人離開公司去了別的地方，老王才慢慢明白，要經營好一家公司＿＿＿靠自己的能力不夠，還需要大家的共同努力才行。

二 猜詞能力

猜猜下面這些詞的意思

1. 消 xiāo to vanish; disappear
   - 取消 qǔxiāo ＿＿＿＿＿＿＿＿
   - 消失 xiāoshī ＿＿＿＿＿＿＿＿
   - 消滅 xiāomiè ＿＿＿＿＿＿＿＿
   - 消極 xiāojí ＿＿＿＿＿＿＿＿
   - 消費 xiāofèi ＿＿＿＿＿＿＿＿
   - 消化 xiāohuà ＿＿＿＿＿＿＿＿

2. 否 fǒu no; to deny
   - 能否 néngfǒu ＿＿＿＿＿＿＿＿
   - 是否 shìfǒu ＿＿＿＿＿＿＿＿
   - 可否 kěfǒu ＿＿＿＿＿＿＿＿
   - 否定 fǒudìng ＿＿＿＿＿＿＿＿

3. 利 lì sharp; advantage; benefit

福利	fúlì	______
順利	shùnlì	______
專利	zhuānlì	______
權利	quánlì	______
吉利	jílì	______
有利	yǒulì	______

4. 對 duì correct, proper; to face, oppose; as for

絕對	juéduì	______
相對	xiāngduì	______
面對	miànduì	______
反對	fǎnduì	______
針對	zhēnduì	______

三 成段表達

選擇合適的連接詞完成下面幾段話

1. 儘管如此、也就是說、意味著、無疑、再說

　　最近姐姐總是愁眉苦臉的，原來她剛剛下崗，_____沒工作了。_____，這對於姐姐一家來說是一個很大的打擊。因為沒工作就_____沒有收入，姐夫在國有企業掙的是死工資，_____他們還有一個上大學的兒子，一下子沒有收入，怎麼生活呢？_____我還是勸姐姐樂觀一些，靠自己的勞動一定不會挨餓的。

2. 不幸的是、其中、不得不、作為、不管怎麼樣

　　中國改革開放以後有不少人發財了，_____大多數的人是通過做生意賺的錢。_____剛剛畢業的大學生，小明也有自己的發財夢。然而_____，由於缺乏經驗，他貸款買的幾輛進口汽車卻沒賣出去，而他又_____還銀行的貸款。面對這樣的情況，他只好以很低的價格把車賣了出去。雖然這次生意失敗了，但是_____，他終於明白了生意難做的道理。

四 書面和口語表達

從下面選出最口語的(O)和最書面語的(W)句子

1. a. 作為一個人口眾多的發展中國家，中國在短短二十年裏，經濟發展得這麼迅速不能不說是一個奇蹟。
   b. 中國人口那麼多，又是一個發展中國家，在二十年裏，經濟發展得那麼快是一個奇蹟。
   c. 中國是一個人口眾多的發展中國家，在二十年裏，經濟發展得這麼迅速是一個奇蹟。
   O:____ W:____

2. a. 中國加入世界貿易組織以後，大家都很關心國有企業能不能不被淘汰。
   b. 中國在加入世界貿易組織之後，國有企業能否在競爭中不被淘汰是一個受到大家關注的問題。
   c. 中國加入世界貿易組織以後，國有企業能不能不被淘汰是一個受到關注的問題。
   O:____ W:____

3. a. 改革開放給中國帶來的巨大的變化真是很難讓人相信。
   b. 改革開放給中國帶來的巨大的改變真是不可思議。
   c. 改革開放以後，人們都不相信中國的變化會那麼大。
   O:____ W:____

五 聽力

聽下列對話和敘述回答問題

Part 1 1. 問：我們對這個男人有什麼了解？
   a. 他現在是電腦專業的學生。
   b. 他想學電腦不是因為興趣，而是為了發財。
   c. 他已經發財了。

2. 問：這個女人的觀點是什麼？
   a. 她覺得這個男人不管做什麼都不能發財。
   b. 她勸這個男人學電腦。
   c. 她覺得一個人要發財得憑自己的努力和機會。

Part 2 3. 問：股票的價格越來越低，對這個女人來說是……？

a. 自認倒霉
b. 雪上加霜
c. 不可思議

Part 3 4. 問：這個女人的態度是什麼？
a. 她覺得男人不可以放鬆。
b. 她不讓男人休息。
c. 她覺得下面的比賽會很容易贏。

Part 4 5. 問：保護政策的目的是什麼？
a. 對外國產品收稅。
b. 提高外國產品的價格。
c. 讓本國的產品能和外國產品競爭。

6. 問：什麼時候可以實行保護政策？
a. 本國企業剛剛開始發展的時候。
b. 本國企業的競爭力很強的時候。
c. 外國企業競爭力很強的時候。

7. 問：下面哪一個不是保護政策的壞處？
a. 被保護的公司不會主動改進技術。
b. 被保護的公司產品的價格很低。
c. 消費者的利益會受到損害。

六 補充閱讀

一 新聞標題

看下面這些句子的大意，並猜猜報導的可能內容

1. 市民打的時請留意是否亂收二元預約費

____

2. 少發賀卡能否拯救森林

____

3. 廣東五市取消集中售票點，春運火車票全部電話訂

____

4. 全球可拍照手機普及，非拍照手機將淘汰

____

5. 應掌握知識產權，簡單模仿不是中國汽車業長久之計

____

6. 瑞士央行宣布維持利率不變

____

7. 美聯儲加息並未刺激美元上漲

____

二 能省的都省

美國航空公司是美國最大也是最賺錢的航空公司之一。美航的成功要歸功於他們的管理措施，其中不斷地降低成本是不可忽視的一環。

美航想盡各種辦法節省成本，包括更換現代化的更省油的飛機；增加飛機上的座位等等方法。

除了代表美航的紅、白、藍的條紋外，美航飛機不加任何油漆，這就降低了油漆的成本。而且一架不上漆的飛機比上漆的飛機輕400磅，因此每架飛機用的汽油大概每年可以省1.2萬美元。

有一回，管理人員在坐自己的飛機時，發現沙拉沒有吃完，於是決定減少晚餐沙拉的分量，並且從每位旅客的沙拉中拿掉一顆黑橄欖。如此一來，每年又為美航省了七萬美元。

美航曾經請人專門看守他們海邊的一個倉庫，但是為了節省開支，他們讓人隔天來一次，這樣也不會有人知道看守的人在不在。後來他們乾脆解雇了看守，而讓一條狗來做這個工作，可是一年以後，他們還想降低成本，就把狗的聲音錄下來。這麼做了之後，也沒有發生問題，因為沒人知道那裏是否真的有條狗！

刪節自《讀者》2002年15號

___1. 關於美國航空公司，下面說法正確的是哪一個？
   a. 是世界上最大的航空公司。
   b. 是美國最賺錢的航空公司。
   c. 是很會省錢的一家航空公司。

___2. 美航的飛機不加油漆的原因是什麼？
  a. 美航只要簡單的紅、白、藍。
  b. 可以省油漆錢和汽油錢。
  c. 比較好看。

___3. 美航為什麼減少沙拉的分量？
  a. 一位管理員沒吃完沙拉。
  b. 大家不愛吃沙拉。
  c. 沙拉太貴了。

___4. 美航用的最省錢的看倉庫的辦法是什麼？
  a. 雇一個看守
  b. 用一條狗看倉庫。
  c. 用狗的聲音看倉庫。

三 年薪一萬、十萬、一百萬的中國生活

二十年前，人們都很羨慕「萬元戶」。但是今天，「萬元戶」大概只能算是低收入了，這不能不說是社會進步的結果。2002年，在不同的城市，年薪一萬、十萬、一百萬的人們分別過著怎樣的生活呢？

年薪一萬：幸福感+普通

他們大學畢業後，在某小城市工作，月薪八百元左右，工作輕鬆，生活節奏較慢。每天早上八點上班，邊吃早飯邊看報紙，大約半個小時以後開始工作。中午在食堂吃飯，下午按時下班。他們很少加班，也很少出差，他們都享受單位提供的福利。到北京、上海等大城市出差的機會是同事之間最激烈的競爭，他們中很多人還從沒坐過飛機。

他們有幾百元一套的西裝，但更多是幾十元一件的衣服。他們多數買了手機，但是電話費不會超過一百元。他們騎自行車上下班，也經常坐公共汽車，極少打的。同城的朋友經常聚會，大家輪流請客而不是AA制。

他們一般按時睡覺，有一些不太花錢的愛好。他們的夜生活不外乎是逛街、看電影、電視或者在家打牌。他們對生活不太挑剔，身體健康，家庭和睦，輕鬆悠閑。據調查他們是中國最有幸福感的一類人。他們有時候也希望能過大城市的生活，但是害怕不能掌握命運。

年薪十萬　優越感+壓力

他們在沿海或者大城市工作，月薪八千元左右，高學歷、高收入、高消費、壓力大、節奏快。他們的工作非常忙碌，同事之間競爭激烈，有合作也有距離。他們經常加班、出差，坐飛機是家常便飯。他們的工作與生活不分，沒有時間照顧家庭，因此辦公室戀情在他們中間相當流行。

他們追求時髦，重視名牌，有能力貸款買房。他們愛好旅遊，有出國旅遊的可能，但缺少的是時間。他們可以用手機聊天，可以週末去看一場演唱會或到附近的城市去看朋友。他們是持卡族，有很多張銀行卡。他們上班坐地鐵或者打的，有買車的計劃，也有投資觀念。他們的夜生活豐富 泡吧、購物、上KTV，他們都有熬夜的習慣。

事業上的成就讓他們有優越感，但工作的壓力讓他們沒有休息的機會。放棄工作就變得貧窮，努力工作也難以成為百萬富翁。

年薪一百萬：成就感+責任

他們多是企業的老總或者IT業的CEO，月薪八萬元左右。對他們來說，享受工作比享受生活重要，他們是社會財富的創造者，也是社會財富的擁有者。

刪節自《讀者》2002年15號

1. 請比較年薪1萬、10萬和100萬人的不同。

	年薪1萬	年薪10萬	年薪100萬
生活地點			
收入			
每日生活			
休閑			
消費			
壓力			

___2. 根據調查，最有幸福感的人是那一種？
a. 年薪1萬的。
b. 年薪10萬的。
c. 年薪100萬的。

3. 你覺得為什麼收入最低的人反而是最有幸福感的人？

四 你是否該跳了

先問問自己以下幾個問題：你的上司是否親切？你的上司是否願意聽員工的意見？你的公司裏人際關係是否輕鬆？你的薪水是否隨著公司利潤的升高而提高？你在公司裏是否會有好的發展？如果以上答案為「不」，你可以「跳槽」了！

不過「跳槽」並不是一件簡單的事情，你在決定「跳」之前首先得研究一下自己與現在公司簽訂的合同，弄清楚辭職會受到什麼限制。其次要儘量多收集新公司的信息，比如待遇怎麼樣，有什麼福利，然後設計一份適合那家公司的簡歷。找到了新的工作以後，就可以向現在的公司辭職了。不管你是為了什麼原因辭職的，雖然你可能「痛恨」原來的公司，但是也不要在背後抱怨，說不定你哪天還會「用」到原來的公司。

該注意的是跳槽的時候，不應只考慮薪水或職位，還要看新的工作是否有利於職業的發展。在選擇企業時，應從企業發展和個人發展兩個方面來看。企業的規模不同，選擇的重點也應該有所不同。簡單地說，就是大型企業選文化，中型企業選行業，小型企業選老板。

選大型企業，企業文化非常重要，如果自己不適合那種文化，未必能有好的發展。選中等規模企業，就要選行業。因為行業與企業的發展有很大關係，選對了行業，就成功了一半。在小型企業中，老板是最重要的人物，所以老板的能力和管理方法對企業未來的發展起著決定性作用。因此在選小公司時，老板的風格和為人便成了不可少的判斷依據。

刪節自《青年文摘》2002年10月1日

___1. 「跳槽」的意思是什麼？
  a. 換工作。
  b. 升職
  c. 加薪

___2. 下面哪一個不是跳槽的原因？
  a. 上司對你好不好。
  b. 公司的職員是否越來越多。
  c. 你在公司的發展。

___3. 辭職以前要做什麼？
  a. 研究原公司的合同。

b. 研究原公司的待遇和福利。
c. 準備辭職報告。

___4. 關於原公司，下面說法正確的是哪一個？
a. 儘量多收集原公司的資料。
b. 不要抱怨原公司。
c. 和原公司老板保持聯繫。

___5. 如果你想選擇大型企業，應該考慮什麼？
a. 行業。
b. 文化。
c. 老板

七 寫作

《財富》雜誌每年底要評選最有影響力的商人，你認為今年誰能當選：

1) 介紹這個商人現在的企業和他的影響；
2) 介紹這個人的生活經歷和他成功的過程；
3) 這些經歷對你有什麼影響。

八 解決問題

1. 你的一個朋友失業了，心情很糟，你應該怎麼勸他？

练习 Exercise

一 重点生词

A. 用中文写出下面词的意思

1. 下岗 ______________________
3. 破产 ______________________
4. 划得来 ______________________
5. 出路 ______________________
6. 淘汰 ______________________
7. 不可思议 ______________________

B. 选择合适的词填空

1. 老王很有自知之明，他知道凭自己的_____根本不可能完成那个工作，所以他没有申请。
   a. 架子　　b. 本事　　c. 长处
2. 十个月了他还没找到工作，这对他的_____未免太大了。
   a. 启发　　b. 待遇　　c. 打击
3. 由于中国的人口问题还没有解决，所以政府还不会_____限制人口增长的政策。
   a. 后悔　　b. 疑问　　c. 取消
4. 想把公司经营得更好，你应该_____机会到国外考察。
   a. 争取　　b. 宣布　　c. 辞掉
5. 中国加入世界贸易组织(WTO)以后，那些缺乏经营经验的企业会面临被_____的危险。
   a. 破产　　b. 落后　　c. 淘汰
6. 他在这个环境才能充分_____自己的能力。
   a. 刺激　　b. 发挥　　c. 模仿
7. _____下岗会给职工的生活带来一些麻烦，但是对于企业来说是减少负担的一个好方法。
   a. 要不是　　b. 尽管　　c. 宁愿
8. 虽然这个人不承认自己的犯罪行为，但是法院已经_____了足够的证据证明他做了违法的事情。

a. 考察　　b. 收获　　c. 掌握

C. 选择合适的单个动词填空

当、成、凭、光、摆

老王在一家贸易公司_____经理。他觉得_____自己的文凭和工作经验经营这么一家小公司不_____问题，因为他在工作中抱着这样的态度，难免有时会对职员_____经理的架子。时间长了，尽管大家承认他的能力，但是对他这个人却有很多的意见，和他保持比较远的距离。渐渐地一些人离开公司去了别的地方，老王才慢慢明白，要经营好一家公司_____靠自己的能力不够，还需要大家的共同努力才行。

二 猜词能力

猜猜下面这些词的意思

1. 消 xiāo to vanish; disappear
   - 取消 qǔxiāo _____
   - 消失 xiāoshī _____
   - 消灭 xiāomiè _____
   - 消极 xiāojí _____
   - 消费 xiāofèi _____
   - 消化 xiāohuà _____

2. 否 fǒu no; to deny
   - 能否 néngfǒu _____
   - 是否 shìfǒu _____
   - 可否 kěfǒu _____
   - 否定 fǒudìng _____

3. 利 lì sharp; advantage; benefit
   - 福利 fúlì _____
   - 顺利 shùnlì _____
   - 专利 zhuānlì _____
   - 权利 quánlì _____

	吉利	jílì	______
	有利	yǒulì	______
4.	对	duì	correct, proper; to face, oppose; as for
	绝对	juéduì	______
	相对	xiāngduì	______
	面对	miànduì	______
	反对	fǎnduì	______
	针对	zhēnduì	______

三 成段表达

选择合适的连接词完成下面几段话

1. 尽管如此、也就是说、意味着、无疑、再说

　　最近姐姐总是愁眉苦脸的，原来她刚刚下岗，_____没工作了。_____，这对于姐姐一家来说是一个很大的打击。因为没工作就_____没有收入，姐夫在国有企业里挣的是死工资，_____他们还有一个上大学的儿子，一下子没有收入，怎么生活呢？_____我还是劝姐姐乐观一些，靠自己的劳动一定不会挨饿的。

2. 不幸的是、其中、不得不、作为、不管怎么样

　　中国改革开放以后有不少人发财了，_____大多数的人是通过做生意赚的钱。_____刚刚毕业的大学生，小明也有自己的发财梦。然而_____，由于缺乏经验，他贷款买的几辆进口汽车却没卖出去，而他又_____还银行的贷款。面对这样的情况，他只好以很低的价格把车卖了出去。虽然这次生意失败了，但是_____，他终于明白了生意难做的道理。

四 书面和口语表达

从下面选出最口语的(O)和最书面语的(W)句子

1. a. 作为一个人口众多的发展中国家，中国在短短二十年里，经济发展得这么迅速不能不说是一个奇迹。
   b. 中国人口那么多，又是一个发展中国家，在二十年里，经济发展得那么快是一个奇迹。

c. 中国是一个人口众多的发展中国家，在二十年里，经济发展得这么迅速是一个奇迹。
O:____ W:____

2. a. 中国加入世界贸易组织以后，大家都很关心国有企业能不能不被淘汰。
b. 中国在加入世界贸易组织之后，国有企业能否在竞争中不被淘汰是一个受到大家关注的问题。
c. 中国加入世界贸易组织以后，国有企业能不能不被淘汰是一个受到关注的问题。
O:____ W:____

3. a. 改革开放给中国带来的巨大的变化真是很难让人相信。
b. 改革开放给中国带来的巨大的改变真是不可思议。
c. 改革开放以后，人们都不相信中国的变化会那么大。
O:____ W:____

五 听力

听下列对话和叙述回答问题

Part 1 1. 问：我们对这个男人有什么了解？
a. 他现在是电脑专业的学生。
b. 他想学电脑不是因为兴趣，而是为了发财。
c. 他已经发财了。

2. 问：这个女人的观点是什么？
a. 她觉得这个男人不管做什么都不能发财。
b. 她劝这个男人学电脑。
c. 她觉得一个人要发财得凭自己的努力和机会。

Part 2 3. 问：股票的价格越来越低，对这个女人来说是……？
a. 自认倒霉
b. 雪上加霜
c. 不可思议

Part 3 4. 问：这个女人的态度是什么？

a. 她觉得男人不可以放松。
b. 她不让男人休息。
c. 她觉得下面的比赛会很容易赢。

Part 4 5. 问：保护政策的目的是什么？

a. 对外国产品收税。
b. 提高外国产品的价格。
c. 让本国的产品能和外国产品竞争。

6. 问：什么时候可以实行保护政策？

a. 本国企业刚刚开始发展的时候。
b. 本国企业的竞争力很强的时候。
c. 外国企业竞争力很强的时候。

7. 问：下面哪一个不是保护政策的坏处？

a. 被保护的公司不会主动改进技术。
b. 被保护的公司产品的价格很低。
c. 消费者的利益会受到损害。

六 补充阅读

一 新闻标题

看下面这些句子的大意，并猜猜报导的可能内容

1. 市民打的时请留意是否乱收二元预约费

____

2. 少发贺卡能否拯救森林

____

3. 广东五市取消集中售票点，春运火车票全部电话订

____

4. 全球可拍照手机普及，非拍照手机将淘汰

____

5. 应掌握知识产权，简单模仿不是中国汽车业长久之计

____

6. 瑞士央行宣布维持利率不变

____

7. 美联储加息并未刺激美元上涨

____

二 能省的都省

美国航空公司是美国最大也是最赚钱的航空公司之一。美航的成功要归功于他们的管理措施，其中不断地降低成本是不可忽视的一环。

美航想尽各种办法节省成本，包括更换现代化的更省油的飞机；增加飞机上的座位等等方法。

除了代表美航的红、白、蓝的条纹外，美航飞机不加任何油漆，这就降低了油漆的成本。而且一架不上漆的飞机比上漆的飞机轻400磅，因此每架飞机用的汽油大概每年可以省1.2万美元。

有一回，管理人员在坐自己的飞机时，发现沙拉没有吃完，于是决定减少晚餐沙拉的分量，并且从每位旅客的沙拉中拿掉一颗黑橄榄。如此一来，每年又为美航省了七万美元。

美航曾经请人专门看守他们海边的一个仓库，但是为了节省开支，他们让人隔天来一次，这样也不会有人知道看守的人在不在。后来他们干脆解雇了看守，而让一条狗来做这个工作，可是一年以后，他们还想降低成本，就把狗的声音录下来。这么做了之后，也没有发生问题，因为没人知道那里是否真的有条狗！

删节自《读者》2002年15号

___1. 关于美国航空公司，下面说法正确的是哪一个？
   a. 是世界上最大的航空公司。
   b. 是美国最赚钱的航空公司。
   c. 是很会省钱的一家航空公司。

___2. 美航的飞机不加油漆的原因是什么？
   a. 美航只要简单的红、白、蓝。
   b. 可以省油漆钱和汽油钱。

c. 比较好看。

___3. 美航为什么减少沙拉的分量？
a. 一位管理员没吃完沙拉。
b. 大家不爱吃沙拉。
c. 沙拉太贵了。

___4. 美航用的最省钱的看仓库的办法是什么？
a. 雇一个看守
b. 用一条狗看仓库。
c. 用狗的声音看仓库。

三 年薪一万、十万、一百万的中国生活

二十年前，人们都很羡慕“万元户”。但是今天，“万元户”大概只能算是低收入了，这不能不说是社会进步的结果。2002年，在不同的城市里，年薪一万、十万、一百万的人们分别过着怎样的生活呢？

年薪一万：幸福感+普通

他们大学毕业后，在某小城市工作，月薪八百元左右，工作轻松，生活节奏较慢。每天早上八点上班，边吃早饭边看报纸，大约半个小时以后开始工作。中午在食堂吃饭，下午按时下班。他们很少加班，也很少出差，他们都享受单位提供的福利。到北京、上海等大城市出差的机会是同事之间最激烈的竞争，他们中很多人还从没坐过飞机。

他们有几百元一套的西装，但更多是几十元一件的衣服。他们多数买了手机，但是电话费不会超过一百元。他们骑自行车上下班，也经常坐公共汽车，极少打的。同城的朋友经常聚会，大家轮流请客而不是AA制。

他们一般按时睡觉，有一些不太花钱的爱好。他们的夜生活不外乎是逛街、看电影、电视或者在家打牌。他们对生活不太挑剔，身体健康，家庭和睦，轻松悠闲，据调查他们是中国最有幸福感的一类人。他们有时候也希望能过大城市的生活，但是害怕不能掌握命运。

年薪十万：优越感+压力

他们在沿海或者大城市工作，月薪八千元左右，高学历、高收入、高消费、压力大、节奏快。他们的工作非常忙碌，同事之间竞争

激烈，有合作也有距离。他们经常加班、出差，坐飞机是家常便饭。他们的工作与生活不分，没有时间照顾家庭，因此办公室恋情在他们中间相当流行。

他们追求时髦，重视名牌，有能力贷款买房。他们爱好旅游，有出国旅游的可能，但缺少的是时间。他们可以用手机聊天，可以周末去看一场演唱会或到附近的城市去看朋友。他们是持卡族，有很多张银行卡。他们上班坐地铁或者打的，有购车的计划，也有投资观念。他们的夜生活丰富：泡吧、购物、上KTV，他们都有熬夜的习惯。

事业上的成就让他们有优越感，但工作的压力让他们没有休息的机会。放弃工作就变得贫穷，努力工作也难以成为百万富翁。

年薪一百万：成就感+责任

他们多是企业的老总或者IT业的CEO，月薪八万元左右。对他们来说，享受工作比享受生活重要，他们是社会财富的创造者，也是社会财富的拥有者。

删节自《读者》2002年15号

1. 请比较年薪1万、10万和100万人的不同。

	年薪1万	年薪10万	年薪100万
生活地点			
收入			
每日生活			
休闲			
消费			
压力			

___2. 根据调查，最有幸福感的人是那一种？

a. 年薪1万的。

b. 年薪10万的。

c. 年薪100万的。

3. 你觉得为什么收入最低的人反而是最有幸福感的人？

四 你是否该跳了

先问问自己以下几个问题：你的上司是否亲切？你的上司是否愿意听员工的意见？你的公司里人际关系是否轻松？你的薪水是否随着

公司利润的升高而提高？你在公司里是否会有好的发展？如果以上答案为“不”，你可以“跳槽”了！

不过“跳槽”并不是一件简单的事情，你在决定“跳”之前首先得研究一下自己与现在公司签订的合同，弄清楚辞职会受到什么限制。其次要尽量多收集新公司的信息，比如待遇怎么样，有什么福利，然后设计一份适合那家公司的简历。找到了新的工作以后，就可以向现在的公司辞职了。不管你是为了什么原因辞职的，虽然你可能“痛恨”原来的公司，但是也不要在背后抱怨，说不定你哪天还会“用”到原来的公司。

该注意的是跳槽的时候，不应只考虑薪水或职位，还要看新的工作是否有利于职业的发展。在选择企业时，应从企业发展和个人发展两个方面来看。企业的规模不同，选择的重点也应该有所不同。简单地说，就是大型企业选文化，中型企业选行业，小型企业选老板。

选大型企业，企业文化非常重要，如果自己不适合那种文化，未必能有好的发展。选中等规模企业，就要选行业。因为行业与企业的发展有很大关系，选对了行业，就成功了一半。在小型企业中，老板是最重要的人物，所以老板的能力和管理方法对企业未来的发展起着决定性作用。因此在选小公司时，老板的风格和为人便成了不可少的判断依据。

删节自《青年文摘》2002年10月1日

___1. “跳槽”的意思是什么？
   a. 换工作。
   b. 升职
   c. 加薪

___2. 下面哪一个不是跳槽的原因？
   a. 上司对你好不好。
   b. 公司的职员是否越来越多。
   c. 你在公司的发展。

___3. 辞职以前要做什么？
   a. 研究原公司的合同。
   b. 研究原公司的待遇和福利。
   c. 准备辞职报告。

___4. 关于原公司，下面说法正确的是哪一个？

a. 尽量多收集原公司的资料。
b. 不要抱怨原公司。
c. 和原公司老板保持联系。

___5. 如果你想选择大型企业，应该考虑什么？
a. 行业。
b. 文化。
c. 老板

七 写作

《财富》杂志每年底要评选最有影响力的商人，你认为谁能当选：

1) 介绍这个商人现在的企业和他的影响；
2) 介绍这个人的生活经历和他成功的过程；
3) 这些经历对你有什么影响。

八 解决问题

1. 你的一个朋友失业了，心情很糟，你应该怎么劝他？

第十八課 你到底要選誰？

練習 Exercise

一 重點生詞

A. 用中文寫出下面詞的意思

1. 盲目 ____________________
2. 當選 ____________________
3. 單調 ____________________
4. 偏見 ____________________
5. 理所當然 ____________________

B. 選擇合適的詞填空

1. 小布希和戈爾______美國總統，結果小布希______了。
   a. 競選、當選　　b. 候選、選舉　　c. 選舉、當選
2. 根據科學的分析與研究，人們發現地球有逐漸變暖的_____。
   a. 傾向　　b. 規律　　c. 趨勢
3. 做同樣的工作，可是女人的工資相對來說卻比男人的低很多，這樣的現象太不_____。
   a. 平等　　b. 公平　　c. 民主
4. 如果事業和家庭是矛盾的，我寧願______事業，也不要失去一個美滿的家庭。
   a. 擺脫　　b. 犧牲　　c. 保留
5. 由於法律制度不______，當個人利益受到損害的時候，不少消費者無法利用法律來保護自己。
   a. 健全　　b. 徹底　　c. 周到
6. 巴黎是藝術的故鄉，因此是很多藝術家非常______的地方。
   a. 接受　　b. 爭取　　c. 嚮往
7. 父母都認為用左手寫字是不好的習慣，可是很多年過去了，我的

這個毛病也沒被改_____。

a. 起來 b. 過來 c. 下來

8. 剛剛上大學的時候，我有很多不_____的地方，但是時間長了，就慢慢地習慣了。

a. 適應 b. 掌握 c. 應付

C. 選擇合適的單個動詞填空

管、亂、抓、厚、躺

房間______得沒有地方放腳，桌子上堆著很______的書，就算再累也沒有時間______一會兒，想和朋友一起聊天，也會被父母______回家，除了看書、複習功課以外，做任何事情都會有人______你，知道了吧？這就是我——一個高中畢業生的生活！

二 猜詞能力

猜猜下面這些詞的意思

1.	選	xuǎn	to choose; select; selection
	競選	jìngxuǎn	______________
	當選	dāngxuǎn	______________
	候選	hòuxuǎn	______________
	選舉	xuǎnjǔ	______________
	選票	xuǎnpiào	______________
	選擇	xuǎnzé	______________
2.	心	xīn	heart; mind; feelings
	野心	yěxīn	______________
	愛心	àixīn	______________
	粗心	cūxīn	______________
	細心	xìxīn	______________
	同情心	tóngqíngxīn	______________
	事業心	shìyèxīn	______________
3.	念	niàn	to think of; miss; remember
	懷念	huáiniàn	______________

想念	xiǎngniàn	________
思念	sīniàn	________
紀念	jìniàn	________
留念	liúniàn	________

4.	立	lì	to stand; establish
	成立	chénglì	________
	建立	jiànlì	________
	獨立	dúlì	________
	對立	duìlì	________
	公立	gōnglì	________
	私立	sīlì	________

5.	長	zhǎng	to grow; senior
	校長	xiàozhǎng	________
	市長	shìzhǎng	________
	家長	jiāzhǎng	________
	州長	zhōuzhǎng	________
	部長	bùzhǎng	________

三 成段表達 Coherent Passages

選擇合適的連接詞完成下面幾段話

1. 不難想像、有一天、一旦、在這種情況下、才、總得

高中畢業的時候，因為選擇學校的事情我和父母有一場激烈的辯論。_____我告訴他們我已經下了去外地念書的決心。_____他們非常反對我的決定。他們覺得我_____去了外地，他們就管不了我了；只有留在他們身邊，_____會有好的發展。可是我心裏明白留在北京就擺脫不了父母的控制，_____我根本不可能有培養自己興趣和愛好的機會。要麼就是我，要麼就是父母，_____有人讓步。於是不管父母的反對，我還是離開了北京。

2. 不僅如此、反而、未必、由於

_____得到了多數人的支持，這位能幹的博士當選了校長。可是這位新校長不但沒有實行自己競選時提出的改革政策，

_____繼續堅持現有的、被他批評的政策。_____他還把那些和他關係密切的人安排在重要的位置。這時候大家才意識到這個民主選舉的校長_____把大家的利益放在第一位

四 書面和口語表達

從下面選出最口語的(O)和最書面語的(W)句子

1. a. 一人一票的民主未必會對社會發展有利。
   b. 每人都可以投票的民主對社會發展不一定有好處。
   c. 一人一票的民主對社會發展不一定有好處。
   O:____ W:____

2. a. 多數的老百姓都要選這個候選人，所以她很可能當選。
   b. 多數的老百姓都要選這個人，所以她很可能當選。
   c. 多數的老百姓都傾向於這位候選人，因此她當選的可能性很大。
   O:____ W:____

3. a. 與其先實行民主制度，再努力去適應，不如先發展經濟，等條件成熟了以後再實行民主。
   b. 與其先穿上民主的外衣，再努力去適應民主制度，不如先發展經濟與社會，等社會能夠適應民主以後，再建立民主制度。
   c. 等經濟發展了以後，再實行民主制度比現在就實行好。
   O:____ W:____

五 聽力

聽下列對話和敘述回答問題

Part 1 1. 問：這個女人的單位發生了什麼？
   a. 有了新的領導。
   b. 要民主選舉領導。
   c. 工作三年以上的人可以選舉領導。

2. 問：關於這個女人，哪句話是對的？
   a. 她覺得當領導太沒意思，所以不去競選。
   b. 她工作的時間不滿三年，所以不能競選。
   c. 她對自己的工作還算滿意，而且覺得領導挺難當的，所以不去競選。

Part 2 3. 問：這兩個人的關係可能是什麼？
   a. 夫妻。
   b. 母親和兒子。
   c. 老師和學生。

4. 問：關於兒子，下面的說法哪個是對的？
   a. 他從來不抽煙。
   b. 他以前抽煙，後來不抽了。
   c. 他一直抽煙。

Part 3 5. 問：女人為什麼要去外地工作？
   a. 那裡的待遇非常好。
   b. 她想擺脫父母的約束。
   c. 她不能自己選擇。

Part 4 6. 問：在什麼樣的國家實行民主制度不太合適？
   a. 經濟和教育發達的國家。
   b. 法律健全的國家。
   c. 經濟不發達，而且沒有民主傳統的國家。

7. 問：下面哪一個是這段話的觀點？
   a. 民主不一定適合每一個國家。
   b. 民主是受大家歡迎的制度。
   c. 民主制度有一些缺點。

六 補充閱讀

一 新聞標題

看下面這些句子的大意，並猜猜報導的可能內容

1. 要立法保護未成年人分數和排名隱私嗎？

____

2. 港人支持立法，反對分裂國家

____

3. 建立健全「依法行政」

____

4. 南京市政府緊急通知，一定要讓民工拿到錢回家

____

5. 四川選用鄉官須經民主推薦，競爭比例不低於5:1

____

6. 北京綠色奧運，綠色行動宣講團成立

____

7. 把不感興趣的事做好，一個人成熟的標誌

____

二 我在美國評職稱

在美國經過五年苦讀，我終於拿到博士學位了，並且在美國南部的一個州立大學得到了一個副教授的職位。我和學校簽的合同上說明試用期為六年，試用合格就可以轉為教授，之後我可以申請終身教授的職位，這樣就等於有了鐵飯碗。我本來對自己很有信心，但是六年之後卻發生了事故。

這六年中，我的工作受到了很多好評，順利轉為教授是理所當然的事情。可是萬萬沒想到，「人事委員會」中的七位成員有四位投了反對票。之後，一位副校長找我談話，首先肯定了我六年來取得的成績，然後又告訴我學校不給我轉教授的決定。按美國的規定，試用期滿不能轉為教授的，就得離開學校。他們的決定讓我覺得很沮喪，他們承認我的成就，卻不給我轉為教授，這是為什麼？也許答案很清楚！

但是其中一位成員認為這個決定太不公平，於是他就我是否應該轉為教授這個問題在系做了一個調查，結果除了那四張反對票以外，

系裏所有的人都簽名投了贊成票。在畢業典禮上，一位教師在發傳單，我一看竟然是我的問題《為什麼？——許博士事件中令人深思的問題》。在信中，他說：「許博士是我校一位獨一無二的數學家，為什麼我們的大學不能接受一位優秀的教師，一位與我們有不同文化背景的好人？」

此後還有很多人為了我的事情公開站出來說話，最後學校改變原來的決定，我正式成為教授。那些曾幫助過我的人見面之後，只是打個招呼，好像什麼也沒發生過似的。

現在我也是系「人事委員會」的成員，碰到類似的問題時，我都會仔細考慮！

刪節自《青年文摘》2002年3月

___1. 關於「我」的工作合同，下面說法不正確的是哪一個？
　a. 試用期是六年。
　b. 六年以後就可以轉為教授。
　c. 試用期不合格就要離開學校。

___2. 「我」為什麼不能轉為教授？
　a. 因為「我」的工作不好。
　b. 因為「人事委員會」的決定不公平。
　c. 因為「我」打算離開學校。

___3. 在系裏作調查的那位老師是誰？
　a. 是作者的朋友。
　b. 是「人事委員會」的一位成員。
　c. 是作者的學生。

___4. 作者開始不能轉為教授的原因可能是什麼？
　a. 他是中國人。
　b. 他不是博士。
　c. 他的專業是數學。

三 民主應在生活中

選舉一直被認為是民主的象徵，有人甚至認為沒有選舉，就沒有民主。這樣的想法不是沒有道理，選舉的確讓人們體會到了民主，但是選舉給整個社會帶來的影響也是不應該被忽視的。

以台灣過去幾年的選舉為例，執政黨和在野黨為了贏得競選而採用了各種各樣的手段。有一年執政黨和在野黨都使用電視競選，希望以溫馨的宣傳來贏得最多選民的支持。當時執政的國民黨請了一位電影明星敘述自己童年辛苦的生活，但是由於政府成功的政策，他們熬過了最困難的時期。當她爸爸過生日的時候，在各地工作的兒女可以聚在一起，享受平靜、快樂的生活。在野黨則採訪了一位黨員的妻子。這位妻子回憶起丈夫參加政治運動的不幸遭遇，以及給家人帶來的恐懼感。不過儘管犧牲很大，她仍然支持丈夫。雖然兩黨的廣告宣傳都很溫馨，但是在批評對手的時候卻一點也不手軟。

在候選人的形象設計上，大家都強調自己的正義與公平。不過奇怪的是，候選人在公開發表演講的時候，談的最多的不是公共政策，也不是如何健全法律，而是批評對手。而這樣的演講似乎更能贏得選民的支持。

一些媒體曾經打算調查競選需要的經費，但實際上很難。每位候選人在競選的過程中要花掉一大筆宣傳費，另外還要邀請很多人助選，還要有警察和很多其他人來維持秩序，等等。

選舉用掉了可觀的社會資本，然而它其實只是實現民主的手段，而不是民主的目的。我們嚮往的民主是生活中的每個人的民主，而不是幾個政治家或者政客之間的競選遊戲。

___1. 哪一個說法是作者對選舉的看法？
   a. 選舉可以算是民主的一種表現。
   b. 沒有選舉就沒有民主。
   c. 選舉是社會進步的象徵。

___2. 台灣執政黨和在野黨的共同點是什麼？
   a. 都不批評對方的缺點。
   b. 都使用溫馨的廣告來競選。
   c. 都支持民主制度。

___3. 候選人在演講的時候，講的最多的是什麼？
   a. 民主制度。
   b. 公共政策。
   c. 批評對手。

___4. 關於競選經費，下面說法正確的是哪一個？
   a. 很難計算競選經費的多少。
   b. 以請警察的費用為最多。
   c. 請人幫助可以減少競選經費。

___5. 作者對現在台灣的競選制度抱著什麼樣的態度？
   a. 非常肯定。
   b. 批評。
   c. 無所謂。

四 美國總統選舉制度的缺點

2000年的美國總統選舉恐怕要算是歷史上最長的一次選舉了，而且更讓人難以想像的是，得到選票多的候選人竟然沒有當選總統。這無疑反映了美國總統選舉制度上的一大缺點。

在總統選舉的時候，美國的五十個州按照人口的多少有不同的選舉人票。全國一共有538張選舉人票，如果候選人在一州中得到超過50%的選票，他就可以得到這個州所有的選舉人票。得到270張選舉人票就可以當選美國總統。這個制度不太健全的地方就是可能發生下面的情況：一個候選人得到了多數選票，但是因沒有得到270名以上的選舉人票而不能當選總統。到目前為止，這樣的現象在美國歷史上發生過三回，這次小布希和戈爾的競選看來是第四次。

那麼，一向代表民主的的美國為什麼會實行這種不太成熟的選舉制度呢？這和美國的歷史有關。在1784年立法的時候，美國還有奴隸制。當時，大部分黑人奴隸都生活在南部各州，沒有選舉權。當時擁有奴隸的白人害怕由於黑人奴隸不參加選舉，他們支持的候選人得票就會少，因而不能當選。如果是另外一個政黨的人當選，一定會傾向實行對他們不太好的政策。另外，他們還說，當時大部分農民在南方，教育水平不高，交通和信息也不發達，因而參加選舉就不積極，這也會影響他們的候選人得到的選票。

為了照顧這些擁有奴隸的人的利益，當時決定採取選舉人制度。兩百多年以來，不少人建議改革這個制度，卻一直沒有成功。況且，反對改革的人也有一些道理，他們說，如果只靠選票的多少來選舉總統，就會有小的州被忽視的趨勢。不僅如此，他們還提出了一個很好的問題　一個得了50.001%選票的候選人當選總統就一定是民主嗎？正是由於這些原因，美國一直保持已有的總統選舉制度。

其實，民主不民主，關鍵不是採取什麼選舉制度。因為在美國總統選舉是「沒有錢萬萬不能的」，每個總統候選人在競選中都獲得了大公司的資助，他們當選後，一定會實行對支持自己的人有利的政策，普通的老百姓永遠處於吃虧的地位，這樣又怎麼談民主呢？

刪節自《北京青年報》2000年11月15日子非文

___1. 關於美國2000年的總統競選，下面說法正確的是哪一個？
 a. 當選的總統得到的選票是歷史上最多的。
 b. 當選的總統當總統的時間是歷史上最長的。
 c. 反映出美國選舉制度的缺點。

___2. 關於美國的選舉制度，下面說法正確的是哪一個？
 a. 得到超過50%以上選票的候選人不一定能當選總統。
 b. 如果候選人得到25個州以上的選票就可以當選總統。
 c. 在選舉中得到選票最多的候選人可以當選總統。

___3. 美國選舉使用選舉人制度的原因是什麼？
 a. 選舉人制度是一個非常先進的選舉制度。
 b. 受到美国奴隸制度歷史的影響。
 c. 這種制度有利於奴隸參加選舉。

___4. 下面哪一個是人們反對改變選舉人制度的原因？
 a. 選舉人制度使小州也能受到重視。
 b. 選舉人制度是歷史最久的選舉制度。
 c. 選舉人制度使得到50.0001%選票的人能當選總統。

___5. 作者怎麼看美國的選舉制度？
 a. 是有錢人的民主。
 b. 保護普通百姓的利益。
 c. 保護所有人的利益。

七 寫作

說明：很多人都認為美國的總統是老百姓選出來的，但是好像又不是老百姓直接投票選出來的。對於這個選舉制度大家還不是非常了解，請你介紹一下美國的總統到底是怎麼選出來的：

1) 這個制度制定的時間和原因；
2) 什麼人有資格做候選人；

3) 選舉的過程；
4) 這個制度的缺點是什麼；
5) 有什麼樣的改革建議，結果如何。

八 解決問題

1. 假如你要競選學校網球協會的會長，你會發表什麼樣的競選演講？

2. 如果有人說「民主不是最完美的政治制度。」你會怎麼和他辯論？

练习 Exercise

一 重点生词

A. 用中文写出下面词的意思

1. 盲目 ____________________
2. 当选 ____________________
3. 单调 ____________________
4. 偏见 ____________________
5. 理所当然 ____________________

B. 选择合适的词填空

1. 小布什和戈尔_____美国总统，结果小布什_____了。
   a. 竞选、当选 b. 候选、选举 c. 选举、当选
2. 根据科学的分析与研究，人们发现地球有逐渐变暖的___。
   a. 倾向 b. 规律 c. 趋势
3. 做同样的工作，可是女人的工资相对来说却比男人的低很多，这样的现象太不____。
   a. 平等 b. 公平 c. 民主
4. 如果事业和家庭是矛盾的，我宁愿_____事业，也不要失去一个美满的家庭。
   a. 摆脱 b. 牺牲 c. 保留
5. 由于法律制度不_____，当个人利益受到损害的时候，不少消费者无法利用法律来保护自己。
   a. 健全 b. 彻底 c. 周到
6. 巴黎是艺术的故乡，因此是很多艺术家非常_____的地方。
   a. 接受 b. 争取 c. 向往
7. 父母都认为用左手写字是不好的习惯，可是很多年过去了，我的这个毛病也没被改_____。
   a. 起来 b. 过来 c. 下来
8. 刚刚上大学的时候，我有很多不_____的地方，但是时间长了，就慢慢地习惯了。
   a. 适应 b. 掌握 c. 应付

C. 选择合适的单个动词填空

管、乱、抓、厚、躺

房间______得没有地方放脚，桌子上堆着很______的书，就算再累也没有时间______一会儿，想和朋友一起聊天，也会被父母______回家，除了看书、复习功课以外，做任何事情都会有人______你，知道了吧？这就是我——一个高中毕业生的生活！

二 猜词能力

猜猜下面这些词的意思

1. 选 xuǎn to choose; select; selection
   - 竞选 jìngxuǎn ______
   - 当选 dāngxuǎn ______
   - 候选 hòuxuǎn ______
   - 选举 xuǎnjǔ ______
   - 选票 xuǎnpiào ______
   - 选择 xuǎnzé ______

2. 心 xīn heart; mind; feelings
   - 野心 yěxīn ______
   - 爱心 àixīn ______
   - 粗心 cūxīn ______
   - 细心 xìxīn ______
   - 同情心 tóngqíngxīn ______
   - 事业心 shìyèxīn ______

3. 念 niàn to think of; miss; remember
   - 怀念 huáiniàn ______
   - 想念 xiǎngniàn ______
   - 思念 sīniàn ______
   - 纪念 jìniàn ______
   - 留念 liúniàn ______

4. 立 lì hard; difficult
   - 成立 chénglì ______

建立	jiànlì	______
独立	dúlì	______
对立	duìlì	______
公立	gōnglì	______
私立	sīlì	______

5. 长 zhǎng to grow; senior

校长	xiàozhǎng	______
市长	shìzhǎng	______
家长	jiāzhǎng	______
州长	zhōuzhǎng	______
部长	bùzhǎng	______

三 成段表达

选择合适的连接词完成下面几段话

1. 不难想象、有一天、一旦、在这种情况下、才、总得

   高中毕业的时候，因为选择学校的事情我和父母有一场激烈的辩论。_____我告诉他们我已经下了去外地念书的决心。_____他们非常反对我的决定。他们觉得我_____去了外地，他们就管不了我了；只有留在他们身边，_____会有好的发展。可是我心里明白留在北京就摆脱不了父母的控制，_____我根本不可能有培养自己兴趣和爱好的机会。要么就是我，要么就是父母，_____有人让步。于是不管父母的反对，我还是离开了北京。

2. 不仅如此、反而、未必、由于

   _____得到了多数人的支持，这位能干的博士当选了校长。可是这位新校长不但没有实行自己竞选时提出的改革政策，_____继续坚持现有的、被他批评的政策。_____他还把那些和他关系密切的人安排在重要的位置。这时候大家才意识到这个民主选举的校长_____把大家的利益放在第一位。

四 书面和口语表达

从下面选出最口语的(O)和最书面语的(W)句子

1. a. 一人一票的民主未必会对社会发展有利。
   b. 每人都可以投票的民主对社会发展不一定有好处。
   c. 一人一票的民主对社会发展不一定有好处。
   O:____ W:____

2. a. 多数的老百姓都要选这个候选人，所以她很可能当选。
   b. 多数的老百姓都要选这个人，所以她很可能当选。
   c. 多数的老百姓都倾向于这位候选人，因此她当选的可能性很大。
   O:____ W:____

3. a. 与其先实行民主制度，再努力去适应，不如先发展经济，等条件成熟了以后再实行民主。
   b. 与其先穿上民主的外衣，再努力去适应民主制度，不如先发展经济与社会，等社会能够适应民主以后，再建立民主制度。
   c. 等经济发展了以后，再实行民主制度比现在就实行好。
   O:____ W:____

五 听力

听下列对话和叙述回答问题

Part 1 1. 问：这个女人的单位发生了什么？
   a. 有了新的领导。
   b. 要民主选举领导。
   c. 工作三年以上的人可以选举领导。

2. 问：关于这个女人，哪句话是对的？
   a. 她觉得当领导太没意思，所以不去竞选。
   b. 她工作的时间不满三年，所以不能竞选。
   c. 她对自己的工作还算满意，而且觉得领导挺难当的，所以不去竞选。

Part 2 3. 问：这两个人的关系可能是什么？

a. 夫妻。
b. 母亲和儿子。
c. 老师和学生。

4. 问：关于儿子，下面的说法哪个是对的？
a. 他从来不抽烟。
b. 他以前抽烟，后来不抽了。
c. 他一直抽烟。

Part 3 5. 问：女人为什么要去外地工作？
a. 那里的待遇非常好。
b. 她想摆脱父母的约束。
c. 她不能自己选择。

Part 4 6. 问：在什么样的国家实行民主制度不太合适？
a. 经济和教育发达的国家。
b. 法律健全的国家。
c. 经济不发达，而且没有民主传统的国家。

7. 问：下面哪一个是这段话的观点？
a. 民主不一定适合每一个国家。
b. 民主是受大家欢迎的制度。
c. 民主制度有一些缺点。

六 补充阅读

一 新闻标题

看下面这些句子的大意，并猜猜报导的可能内容

1. 要立法保护未成年人分数和排名隐私吗?

____

2. 港人支持立法，反对分裂国家

____

3. 建立健全"依法行政"

___

4. 南京市政府紧急通知，一定要让民工拿到钱回家

___

5. 四川选用乡官须经民主推荐，竞争比例不低于5:1

___

6. 北京绿色奥运，绿色行动宣讲团成立

___

7. 把不感兴趣的事做好，一个人成熟的标志

___

二 我在美国评职称

在美国经过五年苦读，我终于拿到博士学位了，并且在美国南部的一个州立大学得到了一个副教授的职位。我和学校签的合同上说明试用期为六年，试用合格就可以转为教授，之后我可以申请终身教授的职位，这样就等于有了铁饭碗。我本来对自己很有信心，但是六年之后却发生了事故。

这六年中，我的工作受到了很多好评，顺利转为教授是理所当然的事情。可是万万没想到，"人事委员会"中的七位成员有四位投了反对票。之后，一位副校长找我谈话，首先肯定了我六年来取得的成绩，然后又告诉我学校不给我转教授的决定。按美国的规定，试用期满不能转为教授的，就得离开学校。他们的决定让我觉得很沮丧，他们承认我的成就，却不给我转为教授，这是为什么？也许答案很清楚！

但是其中一位成员认为这个决定太不公平，于是他就我是否应该转为教授这个问题在系里做了一个调查，结果除了那四张反对票以外，系里所有的人都签名投了赞成票。在毕业典礼上，一位教师在发传单，我一看竟然是我的问题《为什么？——许博士事件中令人深思的问题》。在信中，他说："许博士是我校一位独一无二的数学家，为什么我们的大学不能接受一位优秀的教师，一位与我们有不同文化背景的好人？"

此后还有很多人为了我的事情公开站出来说话，最后学校改变原

来的决定，我正式成为教授。那些曾帮助过我的人见面之后，只是打个招呼，好象什么也没发生过似的。

现在我也是系里“人事委员会”的成员，碰到类似的问题时，我都会仔细考虑！

删节自《青年文摘》2002年3月

___1. 关于“我”的工作合同，下面说法不正确的是哪一个？
a. 试用期是六年。
b. 六年以后就可以转为教授。
c. 试用期不合格就要离开学校。

___2. “我”为什么不能转为教授？
a. 因为“我”的工作不好。
b. 因为“人事委员会”的决定不公平。
c. 因为“我”打算离开学校。

___3. 在系里作调查的那位老师是谁？
a. 是作者的朋友。
b. 是“人事委员会”的一位成员。
c. 是作者的学生。

___4. 作者开始不能转为教授的原因可能是什么？
a. 他是中国人。
b. 他不是博士。
c. 他的专业是数学。

三 民主应在生活中

选举一直被认为是民主的象征，有人甚至认为没有选举，就没有民主。这样的想法不是没有道理，选举的确让人们体会到了民主，但是选举给整个社会带来的影响也是不应该被忽视的。

以台湾过去几年的选举为例，执政党和在野党为了赢得竞选而采用了各种各样的手段。有一年执政党和在野党都使用电视竞选，希望以温馨的宣传来赢得最多选民的支持。当时执政的国民党请了一位电影明星叙述自己童年辛苦的生活，但是由于政府成功的政策，他们熬过了最困难的时期。当她爸爸过生日的时候，在各地工作的儿女可以聚在一起，享受平静、快乐的生活。在野党则采访了一位党员的妻子。这位妻子回忆起丈夫参加政治运动的不幸遭遇，以及给家人带来的恐惧感。不过尽管牺牲很大，她仍然支持丈夫。虽然两党的广告宣传都很温馨，但是在批评对手的时候却一点也不手软。

在候选人的形象设计上，大家都强调自己的正义与公平。不过奇怪的是，候选人在公开发表演讲的时候，谈的最多的不是公共政策，也不是如何健全法律，而是批评对手。而这样的演讲似乎更能赢得选民的支持。

一些媒体曾经打算调查竞选需要的经费，但实际上很难。每位候选人在竞选的过程中要花掉一大笔宣传费，另外还要邀请很多人助选，还要有警察和很多其他人来维持秩序，等等。

选举用掉了可观的社会资本，然而它其实只是实现民主的手段，而不是民主的目的。我们向往的民主是生活中的每个人的民主，而不是几个政治家或者政客之间的竞选游戏。

___1. 哪一个说法是作者对选举的看法？
a. 选举可以算是民主的一种表现。
b. 没有选举就没有民主。
c. 选举是社会进步的象征。

___2. 台湾执政党和在野党的共同点是什么？
a. 都不批评对方的缺点。
b. 都使用温馨的广告来竞选。
c. 都支持民主制度。

___3. 候选人在演讲的时候，讲的最多的是什么？
a. 民主制度。
b. 公共政策。
c. 批评对手。

___4. 关于竞选经费，下面说法正确的是哪一个？
a. 很难计算竞选经费的多少。
b. 以请警察的费用为最多。
c. 请人帮助可以减少竞选经费。

___5. 作者对现在台湾的竞选制度抱着什么样的态度？
a. 非常肯定。
b. 批评。

c. 无所谓。

四 美国总统选举制度的缺点

2000年的美国总统选举恐怕要算是历史上最长的一次选举了，而且更让人难以想象的是，得到选票多的候选人竟然没有当选总统。这无疑反映了美国总统选举制度上的一大缺点。

在总统选举的时候，美国的五十个州按照人口的多少有不同的选举人票。全国一共有538张选举人票，如果候选人在一州中得到超过50%的选票，他就可以得到这个州所有的选举人票。得到270张选举人票就可以当选美国总统。这个制度不太健全的地方就是可能发生下面的情况：一个候选人得到了多数选票，但是因没有得到270名以上的选举人票而不能当选总统。到目前为止，这样的现象在美国历史上发生过三回，这次小布什和戈尔的竞选看来是第四次。

那么，一向代表民主的的美国为什么会实行这种不太成熟的选举制度呢？这和美国的历史有关。在1784年立法的时候，美国还有奴隶制。当时，大部分黑人奴隶都生活在南部各州，没有选举权。当时拥有奴隶的白人害怕由于黑人奴隶不参加选举，他们支持的候选人得票就会少，因而不能当选。如果是另外一个政党的人当选，一定会倾向实行对他们不太好的政策。另外，他们还说，当时大部分农民在南方，教育水平不高，交通和信息也不发达，因而参加选举就不积极，这也会影响他们的候选人得到的选票。

为了照顾这些拥有奴隶的人的利益，当时决定采取选举人制度。两百多年以来，不少人建议改革这个制度，却一直没有成功。况且，反对改革的人也有一些道理，他们说，如果只靠选票的多少来选举总统，就会有小的州被忽视的趋势。不仅如此，他们还提出了一个很好的问题：一个得了50.001%选票的候选人当选总统就一定是民主吗？正是由于这些原因，美国一直保持已有的总统选举制度。

其实，民主不民主，关键不是采取什么选举制度。因为在美国总统选举是“没有钱万万不能的”，每个总统候选人在竞选中都获得了大公司的资助，他们当选后，一定会实行对支持自己的人有利的政策，普通的老百姓永远处于吃亏的地位，这样又怎么谈民主呢？

删节自《北京青年报》2000年11月15日子非文

___1. 关于美国2000年的总统竞选，下面说法正确的是哪一个？

a. 当选的总统得到的选票是历史上最多的。

b. 当选的总统当总统的时间是历史上最长的。
c. 反映出美国选举制度的缺点。

___2. 关于美国的选举制度，下面说法正确的是哪一个？
a. 得到超过50%以上选票的候选人不一定能当选总统。
b. 如果候选人得到25个州以上的选票就可以当选总统。
c. 在选举中得到选票最多的候选人可以当选总统。

___3. 美国选举使用选举人制度的原因是什么？
a. 选举人制度是一个非常先进的选举制度。
b. 受到美国奴隶制度历史的影响。
c. 这种制度有利于奴隶参加选举。

___4. 下面哪一个是人们反对改变选举人制度的原因？
a. 选举人制度使小州也能受到重视。
b. 选举人制度是历史最久的选举制度。
c. 选举人制度使得到50.0001%选票的人能当选总统。

___5. 作者怎么看美国的选举制度？
a. 是有钱人的民主。
b. 保护普通百姓的利益。
c. 保护所有人的利益。

七 写作

说明：很多人都认为美国的总统是老百姓选出来的，但是好象又不是老百姓直接投票选出来的。对于这个选举制度大家还不是非常了解，请你介绍一下美国的总统到底是怎么选出来的：

1) 这个制度制定的时间和原因；
2) 什么人有资格做候选人；
3) 选举的过程；
4) 这个制度的缺点是什么；
5) 有什么样的改革建议，结果如何。

八 解决问题

1. 假如你要竞选学校网球协会的会长，你会发表什么样的竞选演讲？
2. 如果有人说“民主不是最完美的政治制度。”你会怎么和他辩论？

第十九課 明天會更好嗎？

練習 Exercise

一 重點生詞

A. 用中文寫出下面詞的意思

1. 老齡化 ______________________
2. 長壽 ______________________
3. 隨手 ______________________
4. 一致 ______________________
5. 照常 ______________________

B. 選擇合適的詞填空

1. 現在經濟情況這麼糟，連那些有文憑、有經驗的人都找不到工作，_____我這個四十多歲的下崗工人呢？
   a. 何況　　b. 哪怕　　c. 作為
2. 在競爭激烈的市場中，企業只有不斷地_____新產品，才不至於被淘汰。
   a. 取得　　b. 開發　　c. 收穫
3. 對企業是否應該實行社會保障制度，人們的觀點還不_____。
   a. 一直　　b. 一致　　c. 同樣
4. 雖然你的收入不低，但是也應該注意_____一點，不要太浪費。
   a. 節省　　b. 省錢　　c. 縮短
5. 中國的人口很多，但是分布得不太_____，東南部人多，而西部人相對較少。
   a. 平均　　b. 公平　　c. 平等
6. 社會發展有自己的_____，人改變社會的能力很小。
   a. 規定　　b. 必然　　c. 規律
7. 雖然現在買賣盜版軟件的人非常多，但是只要法制健全，這個問題______可以解決。

a. 反正　　b. 同時　　c. 早晚

8. 如果我看見一個人在公共場所吸煙，我大概會去______他。

a. 通知　　b. 阻止　　c. 控制

C. 選擇合適的單個動詞填空

逗、喊、按、藏、妙

週末我們去小李家給她慶祝生日。到了她家門口以後，我讓大家都______了起來，然後才去______門鈴。小李開門的時候只看到我一個人，可是突然所有的人都跳出來，對她大______生日快樂。小李被我們嚇了一大跳，她看起來有一點生氣，可是我知道，只要我們______她一下，她就沒事了。

二 猜詞能力

猜猜下面這些詞的意思

1.	點	diǎn	spot, dot; point
	觀點	guāndiǎn	______
	地點	dìdiǎn	______
	優點	yōudiǎn	______
	缺點	quēdiǎn	______
	重點	zhòngdiǎn	______
2.	縮	suō	to shrink; contract
	縮小	suōxiǎo	______
	縮短	suōduǎn	______
	縮寫	suōxiě	______
	縮減	suōjiǎn	______
	縮水	suōshuǐ	______
3.	相	xiāng	mutually
	相處	xiāngchǔ	______
	相愛	xiāngài	______
	相比	xiāngbǐ	______

	相反	xiāngfǎn	______
	相同	xiāngtóng	______
	相當	xiāngdāng	______
4.	實	shí	substantial; true; reality
	事實	shìshí	______
	現實	xiànshí	______
	老實	lǎoshí	______
	誠實	chéngshí	______
5.	發	fā	to launch; issue; distribute
	開發	kāifā	______
	出發	chūfā	______
	啟發	qǐfā	______
	批發	pīfā	______

三 成段表達

選擇合適的連接詞完成下面幾段話

1. 這麼一來、原來、而是、可是、更別提、又、結果

   我一直都是一個「電腦盲」，連電腦怎麼開、怎麼關我都不知道，______怎麼用電腦了。這倒不是因為我對電腦有什麼偏見，______我並沒有意識到電腦會給我的生活帶來什麼好處。直到有一次我要採訪一位大學教授，______我對她的了解有限，______沒有足夠的時間去圖書館查有關她的資料。在這種情況下，我的一個朋友建議我用電腦找一下，______我用很短的時間找到了幾乎所有和這位教授有關的資料。______我對電腦的認識也深刻了很多。

2. 甚至、值得一提、據說

   在北京旅遊的經歷非常難忘，最______的是參觀清華大學。______能上清華的學生都是各個學校，______是各省高考前幾名的學生，非常了不起。正因為這所大學這麼有名，雖然它在北京的西北部，離城市比較遠，我們還是決定去那裏參觀。

四 書面和口語表達

從下面選出最口語的(O)和最書面語的(W)句子

1. a. 科學技術的發展讓人們活的時間越來越長。
   b. 隨著科學技術的不斷發展，人類的平均壽命將被延長。
   c. 隨著科學技術的發展，人們的壽命會被延長。
   O:____ W:____

2. a. 自然發展的規律是不應該被違反的，否則人類必然會受到自然的懲罰。
   b. 我們應該按自然規律做事，不然一定會倒霉。
   c. 人類不應該違反自然發展的規律，否則一定會受到懲罰。
   O:____ W:____

3. a. 為了安全，飛機上禁止容易爆炸的東西。
   b. 為了安全起見，飛機上禁止易爆炸的物品。
   c. 為了安全，飛機上不可以有容易爆炸的東西。
   O:____ W:____

五 聽力

聽下列對話和敘述回答問題

Part 1 1. 問：這個女人覺得電腦怎麼樣？
   a. 有優點也有缺點。
   b. 節省資源。
   c. 非常方便。

Part 2 2. 問：我們知道這個女人什麼？
   a. 她已經出院了。
   b. 她不相信那個男人的話。
   c. 她要住一個星期的醫院。

Part 3 3. 問：這兩個人現在碰到什麼問題？
   a. 這個女人和丈夫的媽媽關係不好。

b. 這個丈夫受不了女人太挑剔。
c. 這個丈夫和妻子的關係很不好。

Part 4 4. 問：這個女人對長壽的態度是什麼？
a. 希望人類可以長壽。
b. 認為一生都找不到人長壽的原因。
c. 反對延長人的壽命。

Part 5 5. 問：「我」對科技的看法，下面哪個說法是對的？
a. 科技沒有改變我們的生活環境。
b. 利用科技會破壞人和自然的關係。
c. 人們應該放棄科技。

6. 問：「我」覺得人和自然的關係是怎麼樣的？
a. 人類應該利用自然。
b. 人類需要遵守自然的規律。
c. 人類一定會受到自然的懲罰。

六 補充閱讀

一 新聞標題

看下面這些句子的大意，並猜猜報導的可能內容

1. 瑞士百歲壽星歐洲最多，60年後平均壽命達100歲

____

2. 「中國製造」造成環境能源雙雙受損失

____

3. 明星也拍賣，只為逗你玩？

____

4. 用什麼方法阻止孩子上不健康網站

____

5. 辦公室融洽相處的基本原則

____

6. 中國減少美元儲備僅時間早晚問題

____

7. 居民樓煤氣爆炸，一死一重傷

____

二 門外有敲門聲

咚咚咚……有人敲門。格林太太打開門，門外站著格林先生。

「先生，您找誰？」

「我找格林太太。」

「您了解她嗎？」

「當然，我和她都出生在左治亞州，在二十歲那年一見鐘情，三年後走進教堂。」格林先生幸福地回憶著。

「你們結婚後，生活得怎麼樣？」

「我們有時吵架，但是我們仍然彼此相愛！」

「你的確是我親愛的丈夫！」說著，格林太太就拉著丈夫的手，讓他進來。

「夫人，您認識格林太太嗎？您知道她最喜歡什麼嗎？」

「當然是我的孩子——吉姆！」

「你的確是我太太，我累了，我一身人造皮真不好受。」

格林太太也無可奈何地說 「為了防止細胞被盜，只能這樣了。如果被人偷去克隆就完了。」

「那你和孩子總得認得出我呀！」

「還是小心好！」格林太太說，「報紙上說日本首相又被克隆了，現在專家正在確認呢！科技越發展越讓人擔心，我看還是別發展什麼科技了。」

「那怎麼行？科技發展雖然有負面效應，但貢獻還是很大的！」

咚咚咚……又有人敲門，「爸爸、媽媽，我回來了。」

「是吉姆！」格林太太說著就跑去開門，格林先生急忙把她擋在身後，打開門問道 「吉姆，你早上走的時候，對我說什麼了？」

「科技真好！」小吉姆不耐煩地回答。

「乖孩子，快進來吧！」

這時候，機器人把飯端上來，格林一家人拿起刀叉正準備吃飯，突然聽到有人用鑰匙開門，啊！格林一家愣住了。

門開了，門外站著同樣驚訝的格林一家。

刪節自《青年文摘》2002年5月

___1. 格林先生回家敲門的时候，格林太太為什麼要問那麼多問題？
a. 格林太太要確定那個人是不是格林先生。
b. 格林太太要確定格林先生還愛不愛她。
c. 因為他们的生活非常幸福。

___2. 小吉姆早上上學的時候為什麼要跟爸爸说「科技真好」？
a. 他非常喜歡科技。
b. 這樣他的父親可以判斷小吉姆是不是真的。
c. 他的爸爸是科學家。

___3. 這個故事要告訴我們什麼？
a. 格林先生一家幸福的生活。
b. 科技發展给人們生活帶來的壞影響。
c. 科技真好。

三 二十一世紀最重要的一個字

美國方言學會曾於2001年一月舉行過一次有趣的「世紀之字」評選活動。人們首先選出了二十世紀最常出現的詞，包括「自由」、「正義」、「科學」、「政府」、「自然」、「OK」、「書」、「她」等，不過「世紀之字」只能有一個，最後「她」被選為「二十一世紀最重要的一個字」。

照理說，「她」只是個再普通不過的詞，在十二世紀之前的英文字典還沒有「她」字，「她」出現在漢語字典也不過一百年。古代漢語字典也沒有「她」這個字，古代的詩詞、小說中的第三人稱代詞不管男女，全寫成「他」。

1919年以後，中國白話文開始興起，而且翻譯介紹外國文學的人越來越多，僅一個「他」字是不夠用的，為了清楚起見，「她」就被創造出來了。

「她」字被選為「二十一世紀最重要的一個字」，是很有意義的。這意味著女人在二十一世紀的作用會更重要。因為二十一世紀是知識經濟時代，競爭的方式也有了很大的變化，女性敏感、溫柔、靈活、關愛等特點，使她們在設計、溝通、聯繫、服務等方面很有優勢，她們將在二十一世紀大顯身手。

刪節自《青年文摘》2001年2月10日

___1. 關於「她」字，下面說法正確的是哪一個？
   a. 「她」是一个歷史不長的字。
   b. 被選為二十一世紀最重要的字。
   c. 在十二世紀的時候，出現了漢字「她」。

___2. 漢字「她」為什麼會被創造出來？
   a. 在文學作品中漢字「他」不太清楚。
   b. 女性的地位提高了。
   c. 中國出現了女性翻譯。

___3. 下面說法正確的是哪一個？
   a. 二十一世紀女性將在各個方面占主要地位。
   b. 二十一世紀女性會更溫柔、敏感。
   c. 二十世紀女性的地位不會有太大變化。

四 前世今生

輪迴轉世是佛教中重要的觀念，但是在科技發達的今天，恐怕相信它的人很少。魏斯醫生在遇到凱瑟琳之前，對輪迴轉世也毫不相信，但是治療凱瑟琳的過程卻徹底改變了他的看法。

魏斯博士從耶魯大學畢業以後，在匹茲堡和邁阿密大學當教授。作為一個受過科學訓練的學者，他對輪迴轉世毫無興趣。後來他遇到了凱瑟琳。當時凱瑟琳二十七歲，有嚴重的恐懼症。魏斯博士對她進行了一年的傳統治療，但是沒有什麼效果。魏斯認為凱瑟琳的恐懼可能是不幸的童年生活造成的，於是建議凱瑟琳通過催眠回想這些過去的事情，這樣可以幫她減少恐懼。

可是讓魏斯博士沒想到的是，在催眠的過程中，他的一個問題讓凱瑟琳回到了大約四千年前，當時她的相貌、穿著、身材、頭髮和名字都和現在不同。她記得有關的地形、服裝和一些生活中的細節，她甚至記得發洪水的時候她的孩子被沖走，而她也被水淹死的經歷。經過這次治療，凱瑟琳對水的恐懼消失了。

在後來的治療中，凱瑟琳回憶出了十幾個不同的前世，那些生活經歷正是她今生恐懼的來源。她還發現，一些人在她的前世和今生中不斷地出現，和她融洽地相處，這大概就是佛家所說的「緣分」吧！

治好了凱瑟琳的病後，魏斯博士對心理治療的觀念有了很大的改變。不過如果他公開承認自己相信輪迴轉世，可能會遭到其他科學家的批評，而失去自己的學術地位。但是經過思考之後，他終於寫出了他的第一本關於輪迴轉世的著作，幫人們了解生命的神秘。

刪節自《大紀元時報》2002年9月16號

___1. 關於魏斯博士，下面說法正確的是哪一個？
a. 他專門研究輪迴轉世。
b. 他讀大學的時候並不相信輪迴轉世。
c. 他的工作是醫生。

___2. 關於凱瑟琳，下面說法正確的是哪一個？
a. 她有恐懼症。
b. 經過魏斯博士一年的治療，她恢復了健康。
c. 她相信輪迴轉世。

___3. 凱瑟琳有恐懼症的原因是什麼？
a. 她的生活緊張。
b. 她前世的生活經歷。
c. 她差點被水淹死。

___4. 治療凱瑟琳对魏斯博士有什麼影響？
a. 提高了他在學術界的地位。
b. 開始相信輪迴轉世。
c. 開始寫關於心理治療的書。

七 寫作

你的劇本：如果你是一個導演，要拍一部反映地球未來的電影，但是你需要電影公司的投資。請你寫一篇介紹，以便吸引電影公司的投資。

1) 拍這部電影的原因；
2) 電影的內容；
3) 你為什麼認為這部電影會吸引觀眾，並會為電影公司帶來利益。

八 解決問題

1. 討論會：大家一起討論地球面臨的能源、資源危機，並提出解決問題的辦法。

2. 辯論：是否要去月球生活。

练习 Exercise

一 重点生词

A. 用中文写出下面词的意思

1. 老龄化 ______________________________
2. 长寿 ______________________________
3. 随手 ______________________________
4. 一致 ______________________________
5. 照常 ______________________________

B. 选择合适的词填空

1. 现在经济情况这么糟，连那些有文凭、有经验的人都找不到工作，______我这个四十多岁的下岗工人呢？
   a. 何况　　b. 哪怕　　c. 作为
2. 在竞争激烈的市场中，企业只有不断地______新产品，才不至于被淘汰。
   a. 取得　　b. 开发　　c. 收获
3. 对企业是否应该实行社会保障制度，人们的观点还不___。
   a. 一直　　b. 一致　　c. 同样
4. 虽然你的收入不低，但是也应该注意______一点，不要太浪费。
   a. 节省　　b. 省钱　　c. 缩短
5. 中国的人口很多，但是分布得不太______，东南部人多，而西部人相对较少。
   a. 平均　　b. 公平　　c. 平等
6. 社会发展有自己的______，人改变社会的能力很小。
   a. 规定　　b. 必然　　c. 规律
7. 虽然现在买卖盗版软件的人非常多，但是只要法制健全，这个问题______可以解决。
   a. 反正　　b. 同时　　c. 早晚
8. 如果我看见一个人在公共场所吸烟，我大概会去______他。
   a. 通知　　b. 阻止　　c. 控制

C. 选择合适的单个动词填空

逗、喊、按、藏、妙

周末我们去小李家给她庆祝生日。到了她家门口以后，我让大家都_____了起来，然后才去_____门铃。小李开门的时候只看到我一个人，可是突然所有的人都跳出来，对她大_____生日快乐。小李被我们吓了一大跳，她看起来有一点生气，可是我知道，只要我们_____她一下，她就没事了。

二 猜词能力

猜猜下面这些词的意思

1. 点 diǎn spot, dot; point
   观点 guāndiǎn __________
   地点 dìdiǎn __________
   优点 yōudiǎn __________
   缺点 quēdiǎn __________
   重点 zhòngdiǎn __________

2. 缩 suō to shrink; contract
   缩小 suōxiǎo __________
   缩短 suōduǎn __________
   缩写 suōxiě __________
   缩减 suōjiǎn __________
   缩水 suōshuǐ __________

3. 相 xiāng mutually
   相处 xiāngchǔ __________
   相爱 xiāngài __________
   相比 xiāngbǐ __________
   相反 xiāngfǎn __________
   相同 xiāngtóng __________
   相当 xiāngdāng __________

4. 实 shí substantial; true; reality
   事实 shìshí __________

	现实	xiànshí	__________
	老实	lǎoshí	__________
	诚实	chéngshí	__________
5.	发	fā	to launch; issue; distribute
	开发	kāifā	__________
	出发	chūfā	__________
	启发	qǐfā	__________
	批发	pīfā	__________

三 成段表达

选择合适的连接词完成下面几段话

1. 这么一来、原来、而是、可是、更别提、又、结果

　　我一直都是一个"电脑盲"，连电脑怎么开、怎么关我都不知道，_____怎么用电脑了。这倒不是因为我对电脑有什么偏见，_____我并没有意识到电脑会给我的生活带来什么好处。直到有一次我要采访一位大学教授，_____我对她的了解有限，_____没有足够的时间去图书馆查有关她的资料。在这种情况下，我的一个朋友建议我用电脑找一下，_____我用很短的时间找到了几乎所有和这位教授有关的资料。_____我对电脑的认识也深刻了很多。

2. 甚至、值得一提、据说

　　在北京旅游的经历非常难忘，最_____的是参观清华大学。_____能上清华的学生都是各个学校，_____是各省高考前几名的学生，非常了不起。正因为这所大学这么有名，虽然它在北京的西北部，离城市比较远，我们还是决定去那里参观。

四 书面和口语表达

从下面选出最口语的(O)和最书面语的(W)句子

1. a. 科学技术的发展让人们活的时间越来越长。
   b. 随着科学技术的不断发展，人类的平均寿命将被延长。
   c. 随着科学技术的发展，人们的寿命会被延长。

O:____ W:____

2. a. 自然发展的规律是不应该被违反的，否则人类必然会受到自然的惩罚。
   b. 我们应该按自然规律做事，不然一定会倒霉。
   c. 人类不应该违反自然发展的规律，否则一定会受到惩罚。
   O:____ W:____

3. a. 为了安全，飞机上禁止容易爆炸的东西。
   b. 为了安全起见，飞机上禁止易爆炸的物品。
   c. 为了安全，飞机上不可以有容易爆炸的东西。
   O:____ W:____

五 听力

听下列对话和叙述回答问题

Part 1 1. 问：这个女人觉得电脑怎么样？
   a. 有优点也有缺点。
   b. 节省资源。
   c. 非常方便。

Part 2 2. 问：我们知道这个女人什么？
   a. 她已经出院了。
   b. 她不相信那个男人的话。
   c. 她要住一个星期的医院。

Part 3 3. 问：这两个人现在碰到什么问题？
   a. 这个女人和丈夫的妈妈关系不好。
   b. 这个丈夫受不了女人太挑剔。
   c. 这个丈夫和妻子的关系很不好。

Part 4 4. 问：这个女人对长寿的态度是什么？
   a. 希望人类可以长寿。
   b. 认为一生都找不到人长寿的原因。

c. 反对延长人的寿命。

Part 5 5. 问：“我”对科技的看法，下面哪个说法是对的？
a. 科技没有改变我们的生活环境。
b. 利用科技会破坏人和自然的关系。
c. 人们应该放弃科技。

6. 问：“我”觉得人和自然的关系是怎么样的？
a. 人类应该利用自然。
b. 人类需要遵守自然的规律。
c. 人类一定会受到自然的惩罚。

六 补充阅读

一 新闻标题

看下面这些句子的大意，并猜猜报导的可能内容

1. 瑞士百岁寿星欧洲最多，60年後平均寿命达100岁

______

2. “中国制造”造成环境能源双双受损失

______

3. 明星也拍卖，只为逗你玩?

______

4. 用什麽方法阻止孩子上不健康网站

______

5. 办公室融洽相处的基本原则

______

6. 中国减少美元储备仅时间早晚问题

______

7. 居民楼煤气爆炸，一死一重伤

______

二 门外有敲门声

咚咚咚……有人敲门。格林太太打开门，门外站着格林先生。

"先生，您找谁？"

"我找格林太太。"

"您了解她吗？"

"当然，我和她都出生在左治亚州，在二十岁那年一见钟情，三年后走进教堂。"格林先生幸福地回忆着。

"你们结婚后，生活得怎么样？"

"我们有时吵架，但是我们仍然彼此相爱！"

"你的确是我亲爱的丈夫！"说着，格林太太就拉着丈夫的手，让他进来。

"夫人，您认识格林太太吗？您知道她最喜欢什么吗？"

"当然是我的孩子——吉姆！"

"你的确是我太太，我累了，我一身人造皮真不好受。"

格林太太也无可奈何地说："为了防止细胞被盗，只能这样了。如果被人偷去克隆就完了。"

"那你和孩子总得认得出我呀！"

"还是小心好！"格林太太说，"报纸上说日本首相又被克隆了，现在专家正在确认呢！科技越发展越让人担心，我看还是别发展什么科技了。"

"那怎么行？科技发展虽然有负面效应，但贡献还是很大的！"

咚咚咚……又有人敲门，"爸爸、妈妈，我回来了。"

"是吉姆！"格林太太说着就跑去开门，格林先生急忙把她挡在身后，打开门问道："吉姆，你早上走的时候，对我说什么了？"

"科技真好！"小吉姆不耐烦地回答。

"乖孩子，快进来吧！"

这时候，机器人把饭端上来，格林一家人拿起刀叉正准备吃饭，突然听到有人用钥匙开门，啊！格林一家愣住了。

门开了，门外站着同样惊讶的格林一家。

删节自《青年文摘》2002年5月

___1. 格林先生回家敲门的时候，格林太太为什么要问那么多问题？

a. 格林太太要确定那个人是不是格林先生。

b. 格林太太要确定格林先生还爱不爱她。
c. 因为他们的生活非常幸福。

___2. 小吉姆早上上学的时候为什么要跟爸爸说“科技真好”？
a. 他非常喜欢科技。
b. 这样他的父亲可以判断小吉姆是不是真的。
c. 他的爸爸是科学家。

___3. 这个故事要告诉我们什么？
a. 格林先生一家幸福的生活。
b. 科技发展给人们生活带来的坏影响。
c. 科技真好。

三 二十一世纪最重要的一个字

美国方言学会曾于2001年一月举行过一次有趣的“世纪之字”评选活动。人们首先选出了二十世纪最常出现的词，包括“自由”、“正义”、“科学”、“政府”、“自然”、“OK”、“书”、“她”等，不过“世纪之字”只能有一个，最后“她”被选为“二十一世纪最重要的一个字”。

照理说，“她”只是个再普通不过的词，在十二世纪之前的英文字典里还没有“她”字，“她”出现在汉语字典里也不过一百年。古代汉语字典里也没有“她”这个字，古代的诗词、小说中的第三人称代词不管男女，全写成“他”。

1919年以后，中国白话文开始兴起，而且翻译介绍外国文学的人越来越多，仅一个“他”字是不够用的，为了清楚起见，“她”就被创造出来了。

“她”字被选为“二十一世纪最重要的一个字”，是很有意义的。这意味着女人在二十一世纪的作用会更重要。因为二十一世纪是知识经济时代，竞争的方式也有了很大的变化，女性敏感、温柔、灵活、关爱等特点，使她们在设计、沟通、联系、服务等方面很有优势，她们将在二十一世纪大显身手。

删节自《青年文摘》2001年2月10日

___1. 关于“她”字，下面说法正确的是哪一个？
a. “她”是一个历史不长的字。
b. 被选为二十一世纪最重要的字。

c. 在十二世纪的时候，出现了汉字"她"。

___2. 汉字"她"为什么会被创造出来？
a. 在文学作品中汉字"他"不太清楚。
b. 女性的地位提高了。
c. 中国出现了女性翻译。

___3. 下面说法正确的是哪一个？
a. 二十一世纪女性将在各个方面占主要地位。
b. 二十一世纪女性会更温柔、敏感。
c. 二十世纪女性的地位不会有太大变化。

四 前世今生

轮回转世是佛教中重要的观念，但是在科技发达的今天，恐怕相信它的人很少。魏斯医生在遇到凯瑟琳之前，对轮回转世也毫不相信，但是治疗凯瑟琳的过程却彻底改变了他的看法。

魏斯博士从耶鲁大学毕业以后，在匹兹堡和迈阿密大学当教授。作为一个受过科学训练的学者，他对轮回转世毫无兴趣。后来他遇到了凯瑟琳。当时凯瑟琳二十七岁，有严重的恐惧症。魏斯博士对她进行了一年的传统治疗，但是没有什么效果。魏斯认为凯瑟琳的恐惧可能是不幸的童年生活造成的，于是建议凯瑟琳通过催眠回想这些过去的事情，这样可以帮她减少恐惧。

可是让魏斯博士没想到的是，在催眠的过程中，他的一个问题让凯瑟琳回到了大约四千年前，当时她的相貌、穿着、身材、头发和名字都和现在不同。她记得有关的地形、服装和一些生活中的细节，她甚至记得发洪水的时候她的孩子被冲走，而她也被水淹死的经历。经过这次治疗，凯瑟琳对水的恐惧消失了。

在后来的治疗中，凯瑟琳回忆出了十几个不同的前世，那些生活经历正是她今生恐惧的来源。她还发现，一些人在她的前世和今生中不断地出现，和她融洽地相处，这大概就是佛家所说的"缘分"吧！

治好了凯瑟琳的病后，魏斯博士对心理治疗的观念有了很大的改变。不过如果他公开承认自己相信轮回转世，可能会遭到其他科学家的批评，而失去自己的学术地位。但是经过思考之后，他终于写出了他的第一本关于轮回转世的著作，帮人们了解生命的神秘。

删节自《大纪元时报》2002年9月16号

___1. 关于魏斯博士，下面说法正确的是哪一个？
   a. 他专门研究轮回转世。
   b. 他读大学的时候并不相信轮回转世。
   c. 他的工作是医生。

___2. 关于凯瑟琳，下面说法正确的是哪一个？
   a. 她有恐惧症。
   b. 经过魏斯博士一年的治疗，她恢复了健康。
   c. 她相信轮回转世。

___3. 凯瑟琳有恐惧症的原因是什么？
   a. 她的生活紧张。
   b. 她前世的生活经历。
   c. 她差点被水淹死。

___4. 治疗凯瑟琳对魏斯博士有什么影响？
   a. 提高了他在学术界的地位。
   b. 开始相信轮回转世。
   c. 开始写关于心理治疗的书。

七 写作

你的剧本：如果你是一个导演，要拍一部反映地球未来的电影，但是你需要电影公司的投资。请你写一篇介绍，以便吸引电影公司的投资。

1) 拍这部电影的原因；
2) 电影的内容；
3) 你为什么认为这部电影会吸引观众，并会为电影公司带来利益。

八 解决问题

1. 讨论会：大家一起讨论地球面临的能源、资源危机，并提出解决问题的办法。

2. 辩论：是否要去月球生活。

第二十課 一去永不回

練習 Exercise

一 重點生詞

A. 用中文寫出下面詞的意思

1. 不慌不忙 ______________________
2. 犯法 ______________________
3. 報復 ______________________
4. 準時 ______________________
5. 冤枉 ______________________

B. 選擇合適的詞填空

1. 很多學生去中國學習中文，_____更好地了解中國文化。
   a. 以便　　b. 恨不得　　c. 反正
2. 很多中學生並不知道自己以後的理想是什麼，他們好像只是為父母_____學習。
   a. 而已　　b. 而　　c. 所以
3. 聽說溫泉要當工人，李志祥_____去勸溫泉好好考慮當護士的好處。
   a. 連忙　　b. 準時　　c. 稍微
4. 如果不了解中國的文化和社會背景，很難_____現代的電影和小說。
   a. 無從　　b. 追求　　c. 欣賞
5. 薩達姆被美軍抓到的消息_____了整個世界。
   a. 刺激　　b. 轟動　　c. 激動
6. 雖然大家一直_____討論怎麼解決交通擁擠的現象，但是始終沒有找到一個最有效的方法。
   a. 輕鬆　　b. 反覆　　c. 一流

7. 因為不小心，我把最後一個玻璃杯子摔_____了。

a. 斷　　b. 碎　　c. 撕

C. 選擇合適的單個動詞填空

咬　捂　喊　圍　令　配　欠　背　盯

有一天我一邊騎自行車，一邊_____中文課的生詞。結果不小心和另一輛自行車撞到了一起。那個騎自行車的人大_____一聲就從車上摔了下來，然後手_____著膝蓋坐在地上。有很多人_____在旁邊_____著我們看。這_____我非常生氣，我覺得他們沒有同情心，只喜歡看熱鬧。

二 猜詞能力

猜猜下面這些詞的意思

1. 表　biǎo　surface, appearance
   表情　biǎoqíng　_______________
   表演　biǎoyǎn　_______________
   表示　biǎoshì　_______________
   表現　biǎoxiàn　_______________
   表明　biǎomíng　_______________

2. 犯　fàn　to commit (error or crime), to attack
   犯法　fànfǎ　_______________
   犯罪　fànzuì　_______________
   犯錯　fàncuò　_______________
   犯規　fànguī　_______________
   犯人　fànrén　_______________

3. 一　yī　one
   一流　yīliú　_______________
   一生　yīshēng　_______________
   一時　yīshí　_______________
   一早　yīzǎo　_______________
   一心　yīxīn　_______________

4. 初 chū first, initial, early, beginning
初次 chūcì ______
初學 chūxué ______
初戀 chūliàn ______
初級 chūjí ______
初期 chūqì ______

5. 不…不… bù…bù… not…not…; neither…nor…
不慌不忙 bù huāng bù máng ______
不聲不響 bùshēng bù xiǎng ______
不大不小 bú dà bù xiǎo ______
不多不少 bù duō bù shǎo ______
不上不下 bú shàng bú xià ______

三 成段表達

選擇合適的連接詞完成下面幾段話

1. 不至於、而、儘管、沉且

　　不知道為什麼，很多中學生和他們父母的關係都不是特別融洽。______父母儘量從很多方面了解他們的孩子，______孩子卻不太願意接受父母的關心。也許父母對孩子的關心少一點，就______讓孩子產生逆反心理。

2. 實際上、反而、不管、自從

　　______溫泉第一次看到李志祥就愛上他了，______李志祥的工作怎麼樣，溫泉都認為他是最有魅力的人。溫泉不敢告訴父母自己的事情，因為她知道父母不但不會支持她，______還會看不起李志祥。______，溫泉父母的態度可以代表那一代人的一些思想。

四 書面和口語表達

用口語解釋書面語

1. 中午溫泉特意回家通知並勸說父母接受哥哥的邀請。

O:______

2. 溫家再三要求法院採取保密措施。法院在通知醫院時也再三要求保密。

   O:____

3. 漸漸地溫泉不僅丟掉了對母親的不滿，心裏反而還多了一份內疚。

   O:____

五 聽力

聽下列對話和敘述回答問題

Part 1 1. 問：這個女孩上中學的時候為什麼寫日記？

a. 喜歡寫日記。

b. 她沒有朋友。

c. 寫日記的時候可以寫一些不能和別人談的感覺。

Part 2 2. 問：這個女孩週末會做什麼？

a. 去老師家吃中國菜。

b. 在家學習。

c. 她還沒決定。

Part 3 3. 問：溫泉為什麼在母親生病的時候照顧母親？

a. 因為她和母親的感情非常好。

b. 因為她覺得是自己讓母親生病的。

c. 因為她沒有工作。

4. 問：她照顧母親的時候，家裏人在做什麼？

a. 家裏人告訴溫泉大家在幫她找工作。

b. 家裏人在幫溫泉找工作，可是沒告訴溫泉。

c. 家裏人也在照顧母親。

六 補充閱讀

一 新聞標題

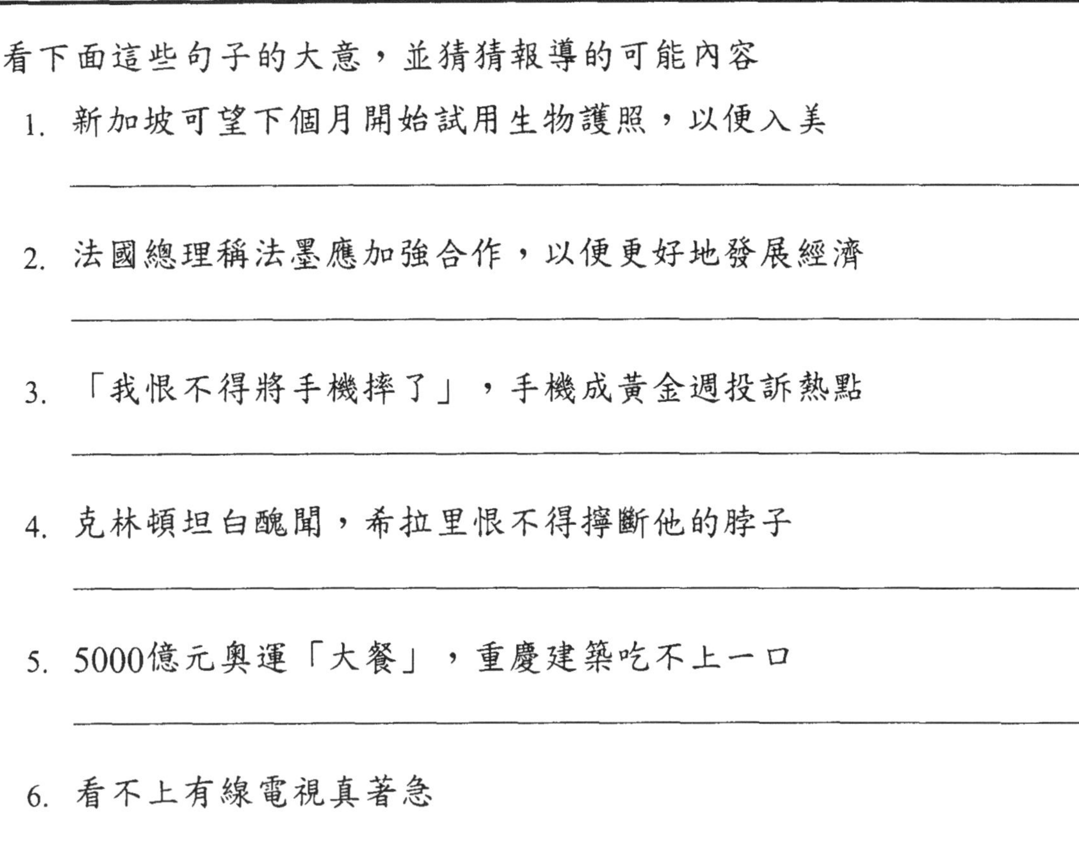

看下面這些句子的大意，並猜猜報導的可能內容

1. 新加坡可望下個月開始試用生物護照，以便入美

2. 法國總理稱法墨應加強合作，以便更好地發展經濟

3. 「我恨不得將手機摔了」，手機成黃金週投訴熱點

4. 克林頓坦白醜聞，希拉里恨不得擰斷他的脖子

5. 5000億元奧運「大餐」，重慶建築吃不上一口

6. 看不上有線電視真著急

7. 「看不上」學校教育，就可以讓子女輟學嗎？

二　小偷

譚峰是我在四川小鎮上的唯一一個朋友，他跟我同齡，那會兒大概也是八九歲。只有我知道譚峰偷東西的事情，除了我家的東西他不敢偷，小鎮上幾乎所有人家都被他偷過。

他做這些事情不怕我知道，是因為他把我當成最忠實的朋友，我也確實給他做過掩護，假如不是因為那輛玩具火車，我不知道我和譚峰的同盟關係會發展到什麼程度。

譚峰有一個寶庫，其實就是豬圈。他的豬圈裏沒有豬，譚峰就挖空了柴草堆，把他偷來的所有東西放在裏面，譚峰讓我看他紅色的玩具火車。他小心地捧著火車說，「你就站那兒看，就看一眼，不准碰它。」

如今的孩子看見這種火車不會稀罕它，可是那個時候，在四川的一個小鎮上，你能想像它對一個男孩意味著什麼？是人世間最美好的東西。我記得我的手像是被磁鐵所吸引的一塊鐵，我的手忍不住去抓小火車，可是每次都被譚峰推開了。

你從哪兒偷來的？我幾乎大叫起來，是誰的？

我想像著譚峰把那輛小火車偷出來的情景，心裏充滿了一種嫉妒，我發誓這是我第一次對譚峰的行為產生嫉妒之心。

你大概能猜到我做了什麼。我告訴丟東西的人是譚峰偷了小火車。為了不讓他認出我的臉，我還戴了個大口罩，我把話一說完就逃走了。譚峰不肯坦白。他不否認他偷了那輛紅色小火車，但就是不肯說出藏小火車之處。我聽見了譚鐵匠的咒罵聲和譚峰一次勝過一次的尖叫，我恰好看見了鐵匠殘害他兒子那可怕的一幕，看見他把譚峰的左手按在一塊燒得火紅的烙鐵上，也是在這個瞬間，我記得譚峰看了我一眼，那麼驚愕、那麼絕望，就像第二塊火紅的烙鐵，燙得我全身冒出了白煙。

後來，憑著我對譚峰的了解，我找到了被他藏起來的紅色小火車。

你們以為我會把小火車送回去嗎？不，要是那樣也就不會有以後的故事了。老實說我根本就沒想物歸原主，我當時只是擔心怎樣把小火車帶回家，不讓任何人發現。

我的運氣不錯，母親不在家，我把小火車藏在床底下的箱子裏。我藏好了小火車，一直坐立不安。我發現了一個問題，就是鑰匙。有了鑰匙，小火車就可以跑起來。譚峰肯定是把它藏在身邊了。我得不到鑰匙，就無法讓小火車跑起來，對於我來說，一輛不能動的小火車起碼失去了一大半的價值。

譚峰回家後我們不再在一起玩了，但是有一天，我被譚峰擋在學校門口，譚峰的樣子顯得失魂落魄的，他用一種幾乎乞求的眼神盯著我，他說，你拿沒拿？我心理已經有所準備，你不能想像我當時有多麼的冷靜，我說，拿什麼呀？譚峰輕輕地說，火車。我說，什麼火車？你偷的那輛火車？譚峰說，不見了，我把它藏得好好的，怎麼會不見了呢？譚峰朝我翻了個白眼，之後就不再問我什麼了，他開始向操場倒退著走過去，他的眼睛仍然迷惑地盯著我，我也直視著他的眼睛，隨他向操場走去。

我和譚峰就這樣開始各走各的路，我們是鄰居，但後來雙方碰了頭就有一方會把臉轉過去。說起來可笑，我把小火車弄到手以後很少有機會玩它，更別提那種看著火車在地上跑的快樂了，我只是在確保安全的情況下偶爾看它幾眼，僅僅是看幾眼。

後來，我們一家要從小鎮搬到武漢去了。這個消息使我異常興奮，不僅因為武漢是個大城市，也因為我有了機會徹底地擺脫關於小火車的苦惱，我天天盼著離開小鎮的日子，盼著離開譚峰、離開這個小鎮。

離開那天小鎮下著雨，我們一家人在汽車站等長途汽車。我看見一個人的腦袋在候車室的窗子外面閃了一下，又閃了一下。那是譚峰，我知道是他，但我不理他。是我母親讓我去向他告別，她說，是譚峰要跟你告別，你們以前還是好朋友，你怎麼能不理他？我只好向譚峰走過去，譚峰的衣服都被雨點打濕了，他用那隻殘缺的手抹著頭髮上的水滴，他的目光躲躲閃閃的，好像想說什麼，卻始終不開口，我不耐煩了，轉過身要走，一只手卻被拉住了，我感覺到他把什麼東西塞在了我的手裏，然後就飛快地跑了。

你們都猜到了，是那把鑰匙，紅色小火車的鑰匙！我記得鑰匙濕濕的，不知是他的手汗還是雨水。我感到很意外，沒想到會有這麼一個結局，直到現在我對這個結局仍然感到意外。有誰知道譚峰是怎麼想的嗎？

___1. 關於譚峰，下面說法正確的是哪一個？
   a. 譚峰是一個非常愛學習的孩子。
   b. 和作者一起偷過東西。
   c. 從來不偷作者家的東西。

___2. 譚峰為什麼給作者看他的玩具火車？
   a. 因為作者是他最好的朋友，他要和作者一起分享快樂。
   b. 因為他要把那個玩具火車送給作者。
   c. 因為他不知道怎麼玩這個玩具火車。

___3. 看到玩具火車，作者為什麼會嫉妒譚峰？
   a. 因為他覺得譚峰敢偷東西，而他不敢。
   b. 因為他非常喜歡那個玩具火車。
   c. 因為譚峰不讓碰火車。

___4. 人們怎麼知道譚峰偷了小火車？
   a. 譚峰自己告訴了父母。
   b. 作者告訴了丟東西的人。
   c. 人們發現譚峰偷東西了。

___5. 關於小火車，下面說法那個是正確的？

a. 後來譚峰把小火車送給了作者。

b. 作者找到了小火車，並把它拿回家。

c. 作者經常把小火車拿來玩。

___6. 你覺得譚峰最後為什麼會把小火車的鑰匙給作者？

三 生於七十年代

有一本書叫《生於六十年代》，不知道書名的靈感是不是來自國外的一個著名的論壇：生於七十年代。論壇裏七十年代出生的人們暢談著自己的童年、青春和未來，「生於七十年代」後來不僅僅是一個論壇的名稱，而成了一個標誌和文化現象。有人說六十年代出生的人是腐朽的一代，七十年代出生的人是頹廢的一代，但讓我感動的是最後的評論：他們經過歲月的磨鍊，已經和正在成為社會的支柱。轉載此文，給所有生於七十年的朋友們。

生於七十年代的尷尬

尷尬一：好不容易考上大學，卻發現不僅國家不包分配，而且連本科文憑都不值錢了。

尷尬二：千辛萬苦進了黨政機關企事業單位，正趕上人家下崗，新人又怎麼了！

尷尬三：九七年，全國取消福利分房，那個時候七十年代出生的人剛剛參加工作。

尷尬四：小時候教育要做個誠實的孩子，成年後卻不得不抽假煙、喝假酒、說假話，上了拿假文憑人的當，在假發票上簽了字，最糟糕的是，看場足球，都是假球。

尷尬五：計劃經濟的教育絕對抹殺個性，誰要和別人不一樣，不僅老師不答應，同學也不放過。然而時代變了，社會需要有個性的青年一代，素質教育嘛！

尷尬六：一看到現在的高考心裏就不平衡，又是警察開道又是休息室伺候，真是今非昔比！此外，當年無人關心的成長的煩惱，如今成為正兒八經的事放在學生的身上，而那時嚴加制止的早戀追星，現在也很寬容地「正確引導」了。

尷尬七：美好的生活屬於誰呢？二十年前，「屬於我，屬於你，屬於八十年代的新一輩」，二十年後，1980初生牛犢不怕虎，誰都沒把七十年出生的人放在眼裏。

尷尬八：七十年代出生的人在六十年代人眼裏是叛逆的一代，而在八十年代人眼裏，他們和四五六十年代人一樣，全部落伍。

尷尬九：出生在一個講理想的年代，卻不得不生活在一個重現實的年代，是這一代人最大的尷尬。

生於七十年代，是最後一撥這樣的人：

是最後一撥熟悉這樣一句話的人：「為革命保護視力，眼保健操——開始……」；

是最後一撥男女生明明互有好感，卻裝成嫌惡狀，在課桌上刻三八線的人；

是最後一撥這樣的女孩子：春風越吹越暖，明明早就心癢癢，卻硬著頭皮不動，最後都快放暑假了，實在熬不住了，才約好第二天同時穿裙子，誰說話不算數誰是小狗；

是最後一撥在接受計算機啟蒙教育時，還看過BASIC語言的人；

是最後一撥有過小時候要到別人家看電視，死活不肯回家，被爸媽打的人；

是最後一撥過六一節還必須找齊了白襯衫、藍長褲的人；

是最後一撥和泥巴、過家家、彈彈子、拍畫片，背著軍用水壺，揣著茶葉蛋春遊的人；

是最後一撥在小學勞動課上還去打掃廁所、捉蒼蠅老鼠的人；

是最後一撥告訴自己，要有理想有信念，要好好學習天天向上，走在路上看見方格子地磚想著跳房子，跳橡皮筋的時候唱「我愛北京天安門」，每個月存五元指望小學畢業去看天安門的人；

是最後一撥看過黑白小人書的人；

也是最後一撥享受過品質最佳的國產動畫片的人。

二十二歲的時候，你畢業了，你第一份工作的薪水是一千五百塊，以後變成二千塊。工資總花得一分錢不剩，盼著發薪的日子。過了一年你跳槽了，工資變成三千塊，你穿的衣服開始變貴了，吃的東西開始變好了，不過有一樣沒有變，工資還是花得一分錢不剩。這時候你談戀愛了，你為了交女朋友，一個月要向朋友借一千塊，她還是嫌你錢少，把你甩了。好不容易找個鄰家女孩，感情挺好，學會了生活，一個月居然能存一千塊，沒想到在你嚮往未來的時候，她家裏人不同意，把你們拆了。於是你一心工作，終於工資漲到六千塊，變成白領，開始泡酒吧，追美女，給人家一百塊的小費。某一天，在街上碰見甩你的前女友，奇怪自己當初怎麼會看上她，她是那麼的沒品味。

三十歲的時候，你有了十萬塊存款，不過你覺得很累，想找個地方，可以踏實地睡。於是你結婚了，存款變成了貸款，每月還要還四千塊，不過你和妻子的工資加起來有一萬塊，你一點都不覺得累。一下子幾年過去，你還清了貸款，還存了五萬塊，你的孩子也長到六歲，你不希望他重複你的生活，於是想送他到外國，可是人家一張嘴就是二十萬，你心裏暗罵「這幫黑心的老外。」願望雖好，沒錢也是白費，你的孩子還是在國內，一直長到二十二歲。

六十歲的時候，你退休了，兒子要結婚，向你要了四十萬，你沒嫌多，反倒覺得花在自己兒子身上，比送給老外實在。過了一年又一年，你對數字不再敏感，除了自己的年齡。有時候你躺在床上還在想，我怎麼還這麼結實，是因為我補了鈣，還是上帝希望我健在。

——僅以此篇獻給我流逝的歲月和我的偶像

1. 請你指出生於七十年代的人經歷了哪些Encounters II裏談到過的社會問題。

2. 在美國，人們討論最多的是哪個時期出生的人？他們為什麼會被討論？他們有哪些特別的經歷？

七 寫作

你的小說：在你成長的過程中，有什麼是最值得紀錄下來的？什麼對你的生活起了決定性的影響？

1) 事件的背景、經過；
2) 對你的影響。

八 解決問題

1. 你的孩子不想上大学，決定要當個工人，你會怎麼辦？

2. 討論：成長中的孩子有什麼煩惱？如何幫助他們？

练习 Exercise

一 重点生词

A. 用中文写出下面词的意思

1. 不慌不忙 ______
2. 犯法 ______
3. 报复 ______
4. 准时 ______
5. 冤枉 ______

B. 选择合适的词填空

1. 很多学生去中国学习中文，______更好地了解中国文化。
   a. 以便 b. 恨不得 c. 反正
2. 很多中学生并不知道自己以后的理想是什么，他们好象只是为父母______学习。
   a. 而已 b. 而 c. 所以
3. 听说温泉要当工人，李志祥______去劝温泉好好考虑当护士的好处。
   a. 连忙 b. 准时 c. 稍微
4. 如果不了解中国的文化和社会背景，很难______现代的电影和小说。
   a. 无从 b. 追求 c. 欣赏
5. 萨达姆被美军抓到的消息______了整个世界。
   a. 刺激 b. 轰动 c. 激动
6. 虽然大家一直______讨论怎么解决交通拥挤的现象，但是始终没有找到一个最有效的方法。
   a. 轻松 b. 反复 c. 一流
7. 因为不小心，我把最后一个玻璃杯子摔______了。
   a. 断 b. 碎 c. 撕

C. 选择合适的单个动词填空

咬、捂、喊、围、令、配、欠、背、盯

有一天我一边骑自行车，一边_____中文课的生词。结果不小心和另一辆自行车撞到了一起。那个骑自行车的人大_____一声就从车上摔了下来，然后手_____着膝盖坐在地上。有很多人_____在旁边_____着我们看。这_____我非常生气，我觉得他们没有同情心，只喜欢看热闹。

二 猜词能力

猜猜下面这些词的意思

1. 表 biǎo surface, appearance
   - 表情 biǎoqíng _____
   - 表演 biǎoyǎn _____
   - 表示 biǎoshì _____
   - 表现 biǎoxiàn _____
   - 表明 biǎomíng _____

2. 犯 fàn to commit (error or crime), to attack
   - 犯法 fànfǎ _____
   - 犯罪 fànzuì _____
   - 犯错 fàncuò _____
   - 犯规 fànguī _____
   - 犯人 fànrén _____

3. 一 yī one
   - 一流 yīliú _____
   - 一生 yīshēng _____
   - 一时 yīshí _____
   - 一早 yīzǎo _____
   - 一心 yīxīn _____

4. 初 chū first, initial, early, beginning
   - 初次 chūcì _____
   - 初学 chūxué _____
   - 初恋 chūliàn _____
   - 初级 chūjí _____

初期 chūqī ______

5. 不…不… bù…bù… not…not…; neither…nor…
不慌不忙 bù huāng bù máng ______
不声不响 bùshēng bù xiǎng ______
不大不小 bú dà bù xiǎo ______
不多不少 bù duō bù shǎo ______
不上不下 bú shàng bú xià ______

三 成段表达

选择合适的连接词完成下面几段话

1. 不至于、而、尽管、况且

不知道为什么，很多中学生和他们父母的关系都不是特别融洽。______父母尽量从很多方面了解他们的孩子，______孩子却不太愿意接受父母的关心。也许父母对孩子的关心少一点，就______让孩子产生逆反心理。

2. 实际上、反而、不管、自从

______温泉第一次看到李志祥就爱上他了，______李志祥的工作怎么样，温泉都认为他是最有魅力的人。温泉不敢告诉父母自己的事情，因为她知道父母不但不会支持她，______还会看不起李志祥。______，温泉父母的态度可以代表那一代人的一些思想。

四 书面和口语表达

从下面选出最口语的(O)和最书面语的(W)句子

1. 中午温泉特意回家通知并劝说父母接受哥哥的邀请。

O:______

2. 温家再三要求法院采取保密措施。法院在通知医院时也再三要求保密。

O:______

3. 渐渐地温泉不仅丢掉了对母亲的不满，心里反而还多了一份内疚。
   O:______________________________

五 听力

听下列对话和叙述回答问题

Part 1 1. 问：这个女孩上中学的时候为什么写日记？
- a. 喜欢写日记。
- b. 她没有朋友。
- c. 写日记的时候可以写一些不能和别人谈的感觉。

Part 2 2. 问：这个女孩周末会做什么？
- a. 去老师家吃中国菜。
- b. 在家学习。
- c. 她还没决定。

Part 3 3. 问：温泉为什么在母亲生病的时候照顾母亲？
- a. 因为她和母亲的感情非常好。
- b. 因为她觉得是自己让母亲生病的。
- c. 因为她没有工作。

4. 问：她照顾母亲的时候，家里人在做什么？
- a. 家里人告诉温泉大家在帮她找工作。
- b. 家里人在帮温泉找工作，可是没告诉温泉。
- c. 家里人也在照顾母亲。

六 补充阅读

看完下面文章后，请说明大意

一 新闻标题

看下面这些句子的大意，并猜猜报导的可能内容

1. 新加坡可望下个月开始试用生物护照，以便入美

____

2. 法国总理称法墨应加强合作，以便更好地发展经济

______

3. “我恨不得将手机摔了”，手机成黄金周投诉热点

______

4. 克林顿坦白丑闻，希拉里恨不得拧断他的脖子

______

5. 5000亿元奥运“大餐”，重庆建筑吃不上一口

______

6. 看不上有线电视真着急

______

7. “看不上”学校教育，就可以让子女辍学吗？

______

二　小偷

谭峰是我在四川小镇上的唯一一个朋友，他跟我同龄，那会儿大概也是八九岁。只有我知道谭峰偷东西的事情，除了我家的东西他不敢偷，小镇上几乎所有人家都被他偷过。

他做这些事情不怕我知道，是因为他把我当成最忠实的朋友，我也确实给他做过掩护，假如不是因为那辆玩具火车，我不知道我和谭峰的同盟关系会发展到什么程度。

谭峰有一个宝库，其实就是猪圈。他的猪圈里没有猪，谭峰就挖空了柴草堆，把他偷来的所有东西放在里面，谭峰让我看他红色的玩具火车。他小心地捧着火车说，“你就站那儿看，就看一眼，不准碰它。”

如今的孩子看见这种火车不会稀罕它，可是那个时候，在四川的一个小镇上，你能想象它对一个男孩意味着什么？是人世间最美好的东西。我记得我的手象是被磁铁所吸引的一块铁，我的手忍不住地去抓小火车，可是每次都被谭峰推开了。

你从哪儿偷来的？我几乎大叫起来，是谁的？

我想象着谭峰把那辆小火车偷出来的情景，心里充满了一种嫉妒，我发誓这是我第一次对谭峰的行为产生嫉妒之心。

你大概能猜到我做了什么。我告诉丢东西的人是谭峰偷了小火车。为了不让他认出我的脸，我还戴了个大口罩，我把话一说完就逃走了。谭峰不肯坦白。他不否认他偷了那辆红色小火车，但就是不肯说出藏小火车之处。我听见了谭铁匠的咒骂声和谭峰一次胜过一次的尖叫，我恰好看见了铁匠残害他儿子那可怕的一幕，看见他把谭峰的左手按在一块烧得火红的烙铁上，也是在这个瞬间，我记得谭峰看了我一眼，那么惊愕、那么绝望，就象第二块火红的烙铁，烫得我全身冒出了白烟。

后来，凭着我对谭峰的了解，我找到了被他藏起来的红色小火车。

你们以为我会把小火车送回去吗？不，要是那样也就不会有以后的故事了。老实说我根本就没想物归原主，我当时只是担心怎样把小火车带回家，不让任何人发现。

我的运气不错，母亲不在家，我把小火车藏在床底下的箱子里。我藏好了小火车，一直坐立不安。我发现了一个问题，就是钥匙。有了钥匙，小火车就可以跑起来。谭峰肯定是把它藏在身边了。我得不到钥匙，就无法让小火车跑起来，对于我来说，一辆不能动的小火车起码失去了一大半的价值。

谭峰回家后我们不再在一起玩了，但是有一天，我被谭峰挡在学校门口，谭峰的样子显得失魂落魄的，他用一种几乎乞求的眼神盯着我，他说，你拿没拿？我心理已经有所准备，你不能想象我当时有多么的冷静，我说，拿什么呀？谭峰轻轻地说，火车。我说，什么火车？你偷的那辆火车？谭峰说，不见了，我把它藏得好好的，怎么会不见了呢？谭峰朝我翻了个白眼，之后就不再问我什么了，他开始向操场倒退着走过去，他的眼睛仍然迷惑地盯着我，我也直视着他的眼睛，随他向操场走去。

我和谭峰就这样开始各走各的路，我们是邻居，但后来双方碰了头就有一方会把脸转过去。说起来可笑，我把小火车弄到手以后很少有机会玩它，更别提那种看着火车在地上跑的快乐了，我只是在确保安全的情况下偶尔看它几眼，仅仅是看几眼。

后来，我们一家要从小镇搬到武汉去了。这个消息使我异常兴奋，不仅因为武汉是个大城市，也因为我有了机会彻底地摆脱关于小火车的苦恼，我天天盼着离开小镇的日子，盼着离开谭峰、离开这个小镇。

离开那天小镇下着雨，我们一家人在汽车站等长途汽车。我看见一个人的脑袋在候车室的窗子外面闪了一下，又闪了一下。那是谭峰，我知道是他，但我不理他。是我母亲让我去向他告别，她说，是谭峰要跟你告别，你们以前还是好朋友，你怎么能不理他？我只好向谭峰走过去，谭峰的衣服都被雨点打湿了，他用那只残缺的手抹着头发上的水滴，他的目光躲躲闪闪的，好像想说什么，却始终不开口，我不耐烦了，转过身要走，一只手却被拉住了，我感觉到他把什么东西塞在了我的手里，然后就飞快地跑了。

你们都猜到了，是那把钥匙，红色小火车的钥匙！我记得钥匙湿湿的，不知是他的手汗还是雨水。我感到很意外，没想到会有这么一个结局，直到现在我对这个结局仍然感到意外。有谁知道谭峰是怎么想的吗？

___1. 关于谭峰，下面说法正确的是哪一个？
  a. 谭峰是一个非常爱学习的孩子。
  b. 和作者一起偷过东西。
  c. 从来不偷作者家的东西。

___2. 谭峰为什么给作者看他的玩具火车？
  a. 因为作者是他最好的朋友，他要和作者一起分享快乐。
  b. 因为他要把那个玩具火车送给作者。
  c. 因为他不知道怎么玩这个玩具火车。

___3. 看到玩具火车，作者为什么会嫉妒谭峰？
  a. 因为他觉得谭峰敢偷东西，而他不敢。
  b. 因为他非常喜欢那个玩具火车。
  c. 因为谭峰不让碰火车。

___4. 人们怎么知道谭峰偷了小火车？
  a. 谭峰自己告诉了父母。
  b. 作者告诉了丢东西的人。
  c. 人们发现谭峰偷东西了。

___5. 关于小火车，下面说法哪个是正确的？
  a. 后来谭峰把小火车送给了作者。
  b. 作者找到了小火车，并把它拿回家。
  c. 作者经常把小火车拿来玩。

___6. 你觉得谭峰最后为什么会把小火车的钥匙给作者？

三 生于七十年代

有一本书叫《生于六十年代》，不知道书名的灵感是不是来自国外的一个著名的论坛：生于七十年代。论坛里七十年代出生的人们畅谈着自己的童年、青春和未来，“生于七十年代”后来不仅仅是一个论坛的名称，而成了一个标志和文化现象。有人说，六十年代出生的人是腐朽的一代，七十年代出生的人是颓废的一代，但让我感动的是最后的评论：他们经过岁月的磨炼，已经和正在成为社会的支柱。转载此文，给所有生于七十年的朋友们。

生于七十年代的尴尬

尴尬一：好不容易考上大学，却发现不仅国家不包分配，而且连本科文凭都不值钱了。

尴尬二：千辛万苦进了党政机关企事业单位，正赶上人家下岗，新人又怎么了！

尴尬三：九七年，全国取消福利分房，那个时候七十年代出生的人刚刚参加工作。

尴尬四：小时候教育要做个诚实的孩子，成年后却不得不抽假烟、喝假酒、说假话，上了拿假文凭人的当，在假发票上签了字，最糟糕的是，看场足球，都是假球。

尴尬五：计划经济的教育绝对抹杀个性，谁要和别人不一样，不仅老师不答应，同学也不放过。然而时代变了，社会需要有个性的青年一代，素质教育嘛！

尴尬六：一看到现在的高考心里就不平衡，又是警察开道又是休息室伺候，真是今非昔比！此外，当年无人关心的成长的烦恼，如今成为正儿八经的事放在学生的身上，而那时严加制止的早恋追星，现在也很宽容地“正确引导”了。

尴尬七：美好的生活属于谁呢？二十年前，“属于我，属于你，属于八十年代的新一辈”，二十年后，1980初生牛犊不怕虎，谁都没把七十年出生的人放在眼里。

尴尬八：七十年代出生的人在六十年代人眼里是叛逆的一代，而在八十年代人眼里，他们和四五六十年代人一样，全部落伍。

尴尬九：出生在一个讲理想的年代，却不得不生活在一个重现实的年代，是这一代人最大的尴尬。

生于七十年代，是最后一拨这样的人：

是最后一拨熟悉这样一句话的人："为革命保护视力，眼保健操——开始……"；

是最后一拨男女生明明互有好感，却装成嫌恶状，在课桌上刻三八线的人；

是最后一拨这样的女孩子：春风越吹越暖，明明早就心痒痒，却硬着头皮不动，最后都快放暑假了，实在熬不住了，才约好第二天同时穿裙子，谁说话不算数谁是小狗；

是最后一拨在接受计算机启蒙教育时，还看过BASIC语言的人；

是最后一拨有过小时候要到别人家看电视，死活不肯回家，被爸妈打的人；

是最后一拨过六一节还必须找齐了白衬衫、蓝长裤的人；

是最后一拨和泥巴、过家家、弹弹子、拍画片，背着军用水壶，揣着茶叶蛋春游的人；

是最后一拨在小学劳动课上还去打扫厕所、捉苍蝇老鼠的人；

是最后一拨告诉自己，要有理想有信念，要好好学习天天向上，走在路上看见方格子地砖想着跳房子，跳橡皮筋的时候唱"我爱北京天安门"，每个月存五元指望小学毕业去看天安门的人；

是最后一拨看过黑白小人书的人；

也是最后一拨享受过品质最佳的国产动画片的人。

二十二岁的时候，你毕业了，你第一份工作的薪水是一千五百块，以后变成二千块。工资总花得一分钱不剩，盼着发薪的日子。过了一年你跳槽了，工资变成三千块，你穿的衣服开始变贵了，吃的东西开始变好了，不过有一样没有变，工资还是花得一分钱不剩。这时候你谈恋爱了，你为了交女朋友，一个月要向朋友借一千块，她还是嫌你钱少，把你甩了。好不容易找个邻家女孩，感情挺好，学会了生活，一个月居然能存一千块，没想到在你向往未来的时候，她家里人不同意，把你们拆了。于是你一心工作，终于工资涨到了六千块，变成白领，开始泡酒吧，追美女，给人家一百块的小费。某一天，在街上碰见甩你的前女友，奇怪自己当初怎么会看上她，她是那么的没品味。

三十岁的时候，你有了十萬万块存款，不过你觉得很累，想找个地方，可以踏实地睡。于是你结婚了，存款变成了贷款，每月还要还四千块，不过你和妻子的工资加起来有一万块，你一点都不觉得累。

一下子几年过去，你还清了贷款，还存了五万块，你的孩子也长到六岁，你不希望他重复你的生活，于是想送他到外国，可是人家一张嘴就是二十万，你心里暗骂"这帮黑心的老外"。愿望虽好，没钱也是白费，你的孩子还是在国内，一直长到二十二岁。

六十岁的时候，你退休了，儿子要结婚，向你要了四十万，你没嫌多，反倒觉得花在自己儿子身上，比送给老外实在。过了一年又一年，你对数字不再敏感，除了自己的年龄。有时候你躺在床上还在想，我怎么还这么结实，是因为我补了钙，还是上帝希望我健在。

——仅以此篇献给我流逝的岁月和我的偶象

1. 请你指出生于七十年代的人经历了哪些 Encounters II 里谈到过的社会问题。

2. 在美国，人们讨论最多的是哪个时期出生的人？他们为什么会被讨论？他们有哪些特别的经历？

七 写作

你的小说：在你成长的过程中，有什么是最值得纪录下来的？什么对你的生活起了决定性的影响？

1) 事件的背景、经过；
2) 对你的影响。

八 解决问题

1. 你的孩子不想上大学，决定要当个工人，你会怎么办？

2. 讨论：成长中的孩子有什么煩惱？如何帮助他們？